SAVONS-NOUS ENCORE DIALOGUER ?

Marion Genaivre

SAVONS-NOUS ENCORE DIALOGUER ?

ÉQUATEURS

ISBN : 978-2-3828-4740-4.

Dépôt légal : janvier 2026.

170 *bis*, boulevard du Montparnasse, 75014 Paris.
editions-des-equateurs@orange.fr
www.editionsdesequateurs.fr

En mémoire d'Ikeda sensei,
infatigable artisan de la paix.

Prologue

« C'est dans un océan de dialogues qu'une personne peut véritablement trouver son humanité. »

Daisaku Ikeda.

Jamais nous n'avons eu autant de moyens de communication mais il faut bien se rendre à l'évidence : partout dialoguer est un défi. Que ce soit dans les couples, les familles, les entreprises ou les institutions, la possibilité d'une parole vraie et d'une écoute de qualité semble disparaître.

J'ai écrit les premières lignes de ce livre au lendemain du premier tour d'élections législatives qui montraient à quel point notre société a mal. Peurs, colère et ressentiment ont grossi dans le cœur de tout un chacun ; y compris dans le cœur de ceux qui pensent qu'ils sont du bon côté de la bataille, du côté des « gens bien ». Car ces élections nous ont montré à quel point la société s'organise comme un immense échiquier, chacun dans son camp, dressé contre les autres. Il semble qu'elles nous ouvrent les yeux sur l'ampleur des divisions, des clivages, des fractures, des violences qui nous parcourent individuellement et collectivement.

J'écris donc pour dire pourquoi, en tant qu'êtres humains, nous devons tenir parole. Non pas tant au sens de l'expression courante « tenir ses promesses » (passionnant sujet d'éthique qui ne sera pas notre objet) qu'au triple sens de tenir *à* la parole, de tenir *par* la parole, en tant que personne et en tant que groupe, mais aussi de tenir parole comme on tient une réception ou une réunion. Autrement dit, faire que la parole ait lieu, lui faire une place, la maintenir. Et même, faire de la parole un lieu. Parce que notre fragile humanité tient en elle. Pas n'importe quelle parole cependant. Celle qui devrait, aujourd'hui plus que jamais, requérir nos efforts, notre souci, notre engagement, c'est la parole dialoguée et dialoguante.

Mon désir de rappeler ou de faire découvrir la puissance et la nécessité du dialogue me vient essentiellement d'une souffrance personnelle. Une souffrance qui a nourri, dans tous les domaines de ma vie (professionnel, sentimental, spirituel), mes choix les plus décisifs. C'est elle qui m'a fait mettre le dialogue au cœur de ma pratique de la philosophie destinée aux organisations. Cette souffrance, c'est celle de la rupture totale du lien avec l'autre et, par conséquent, l'appauvrissement du sens de la vie. L'idée que le dialogue soit impossible, qu'il n'y ait plus rien à faire pour se comprendre et se relier parce que la souffrance vécue de part et d'autre est trop grande et les préjugés trop forts, provoque chez moi une profonde tristesse.

Mais approfondir l'enjeu du dialogue ne vise pas uniquement à conjurer ce désespoir. Il s'agit aussi d'examiner un impensé de l'histoire de la philosophie, qui se réclame, dans ses origines, du dialogue. Pourtant, contrairement à ce qu'on se raconte depuis Platon, la philosophie n'est pas née du dialogue. Un véritable dialogue se distingue notamment par un éveil mutuel. Chacun se laisse inspirer par l'autre. On peut donc légitimement se demander si Socrate a jamais dialogué… Car cette réciprocité de la rencontre avec soi-même n'est pas au cœur de la maïeutique socratique. Socrate ne se laissait pas enseigner par l'autre. Il était l'éveilleur de ses nombreux interlocuteurs mais il n'y avait pas d'égalité dans leur relation. Le point de départ de la philosophie occidentale avec Socrate, c'est l'étonnement, pas le dialogue.

Or, le moins que l'on puisse dire, c'est que le dialogue ne fait pas l'objet d'un grand étonnement aujourd'hui. Que dire alors sur une chose qui semble laisser tout le monde indifférent de prime abord ? N'y a-t-il pas des choses plus importantes et plus urgentes à penser que le dialogue dans ce monde si troublé ? Et puis, quiconque a-t-il vraiment besoin d'être convaincu que « le dialogue, c'est bien » et que « c'est important de dialoguer » ?

Ces questions m'ont permis de préciser l'intention fondamentale de cet essai. Même si le sujet se prête à la leçon de morale, il ne s'agira pas de démontrer et de dénoncer que « c'est mal » de ne pas vouloir, de ne pas pouvoir ou de ne pas savoir dialoguer. Il existe de nombreuses raisons pour lesquelles nous ne savons pas le faire et de nombreuses circonstances qui le rendent difficile. L'intention de ce livre sera d'élucider et de soulager la souffrance initiale qui l'a initié : pourquoi l'absence de dialogue nous fait-elle souffrir ? Pourquoi ne prenons-nous pas cette souffrance au sérieux (peu d'entre nous je crois reconnaissons cette souffrance pour ce qu'elle est) ? Que nous dit cette souffrance de la nécessité du dialogue pour l'existence humaine ?

J'écris cet essai dans l'espoir qu'il contribue à faire grandir le dialogue là où la violence s'est imposée comme seule solution pour se réparer et exister. Car, contrairement à l'idée qu'on s'en fait souvent, la violence, avant d'être un problème, est une solution pour ceux qui en font preuve. Une solution pour répondre à des besoins bafoués, pour survivre à ses blessures. Mépriser l'autre, l'humilier, le rejeter, l'abandonner ou l'instrumentaliser, sont des violences parce qu'il s'agit d'attitudes qui réduisent l'autre à l'état d'objet. Ces violences nous traversent toutes et tous, et nous voyons bien aujourd'hui à quel point notre société en souffre.

Ce que je veux défendre ici, c'est que le dialogue compte parmi les expériences qui nous permettraient de guérir et que cette expérience est accessible à tous. Non qu'il soit facile de dialoguer, mais il est possible de le faire quels que soient le revenu dont on dispose, notre culture et celle que l'on a acquise. J'ai pu le vérifier maintes fois au cours des nombreux ateliers philosophiques que j'anime depuis plus de dix ans dans des organisations d'une grande diversité.

Tout être humain souffre de ne pas trouver de sens à ce qu'il vit. Il souffre d'ignorer la cause de ses souffrances. Or le dialogue éclaire ce pour quoi nous souffrons et ce par quoi l'existence prend un sens. Tout être humain souffre aussi lorsqu'il ne peut pas vraiment s'exprimer et lorsqu'il n'est pas entendu, reconnu. Or le dialogue est précisément un espace-temps et une manière d'être en relation où l'on peut essayer de dire sa vérité et où cette vérité est respectée, même quand elle entre en conflit avec celle d'un autre. Tout être humain souffre, enfin, encore que souvent sans le savoir, lorsqu'il n'a plus de repères, et donc plus de prises sur le réel. Or, à mesure qu'il se déploie, le dialogue redonne à chacun ses propres repères (besoins, valeurs, règles, limites, croyances...).

Pour toutes ces raisons, le dialogue est et sera une ressource essentielle pour l'avenir. Face à la crise sociale, (géo)politique et écologique que nous vivons, il me semble la seule expérience qui permette à l'humanité d'apprendre de ses parts d'ombre. Tout dialogue est un acte d'amour et de foi en l'être humain. Car tout dialogue nous fait entrer dans l'authenticité, la complexité et la vulnérabilité. C'est précisément pourquoi il peut nous sauver de la violence et de l'illusion.

Chaque réflexion développée dans ce livre partira ou sera nourrie de mes expériences personnelles. J'avais envie et besoin d'une écriture vivante et ouverte, qui me maintienne à un endroit où tout reste à penser. Les idées que je déploie et déplie ici sont des traces des nombreux dialogues que j'ai vécus ou tentés.

Au gré de ces traces s'esquisseront trois idées principales. Le dialogue est une école d'humanité. Qu'il s'agisse du dialogue avec soi-même ou avec autrui, il est un *être-à-deux* où chacun peut sentir et comprendre combien la relation fait qui nous sommes. Chaque dialogue s'offre, en effet, comme un infatigable apprentissage de sa propre vie et de la vie en commun. Mais le dialogue est aussi un lieu de vérité au sens où il donne littéralement lieu à la vérité. La vérité est toujours située et seul le dialogue permet de s'accorder sur le réel par-delà les différences de positions dans l'existence. Le dialogue, enfin, est une voie de la paix. Le recours dont nous disposons toutes et tous ultimement pour prévenir et réparer la violence.

Ces idées directrices couvrent trois versants de nos vies : l'intime, le social et le spirituel. Chacune et chacun chemine à sa manière sur ces versants qui, bien sûr, se rencontrent et se chevauchent en maints endroits. Mais toute cette partition pourrait se résumer en un défi, que l'humanité ne cesse, semble-t-il, d'essayer de relever : apprendre à s'entendre.

1

Le dialogue intérieur

> « Dès que nous cessons d'observer notre cœur, de nous remettre en question, nous devenons complaisants et dogmatiques. Notre discours est alors à sens unique, nous sommes incapables d'écouter les autres, et il devient impossible d'engager un dialogue authentique. Le type de dialogue qui crée la paix entre les êtres humains doit commencer par un dialogue intérieur ouvert et sincère. »
>
> Daisaku Ikeda.

Notre enfance est peuplée de rituels familiaux anodins. Je me souviens de celui que mon père avait d'écouter les nouvelles à la radio pendant son petit déjeuner. À l'adolescence, cette litanie médiatique m'agaçait. Pas seulement parce qu'à travers elle le monde entrait bruyamment dans mon intériorité mal réveillée, mais parce que l'interview des responsables politiques de tout bord me dépitait. À quelques très rares exceptions près, leurs mots me semblaient sonner creux. Parole inhabitée, interchangeable, sans racines. D'où parlent ces gens? me demandais-je.

Une fois quitté le foyer familial, je n'ai plus jamais écouté la radio.

Jusqu'à un jour récent, entraînée par mon compagnon qui, lui, apprécie quelques ondes matinales. Alors que nous écoutons un élu (ne pas) répondre aux questions adressées par un journaliste, la vieille impression qu'il récite sa leçon ou ses éléments de langage revient. Je me dis qu'il faut ne plus s'entendre parler pour s'exprimer ainsi. S'engage avec mon compagnon une conversation sur la sincérité et l'existence ou non de véritables convictions chez nos représentants politiques. Dans notre échange ce matin-là, une question s'est imposée : quelle conscience ces personnalités ont-elles d'elles-mêmes ? Quelle capacité ont-elles à s'observer et où en sont-elles de la connaissance d'elles-mêmes ? Difficile de ne pas penser ici à Machiavel, sans doute l'un des penseurs les moins bien lus et les plus mal compris. Dans *Le Prince*, il apprend aux gouvernants comment ne pas faire le bien. Non pas au sens où ceux-ci devraient devenir mauvais, mais au sens où, selon lui, un dirigeant politique doit agir selon des principes politiques et non pas moraux ou religieux. Autrement dit, il doit analyser le monde selon des considérations pragmatiques et non selon sa sensibilité personnelle – sorte de *Realpolitik* avant l'heure. Machiavel pense que les gens qui se préoccupent plus du salut de leur âme que du monde ne devraient pas faire de politique. C'est éminemment discutable, mais ce qu'il faut retenir ici c'est que, pour Machiavel, le dirigeant doit évidemment avoir le souci du monde. Or même ce souci du monde semble manquer aux dirigeants d'aujourd'hui.

Ce qui m'interpelle, c'est qu'ils semblent en effet ne se soucier que d'eux-mêmes. Or, de Socrate à Hannah Arendt en passant par Emmanuel Kant, l'histoire de la philosophie nous enseigne que le souci de soi est une condition *sine qua non* de la vie éthique. Comment, en étant si bien occupés par leur propre personne, les dirigeants peuvent-ils être si souvent peu inspirants sur le plan moral ? Peut-être en raison de l'absence de dialogue intérieur, qui ramène leur souci d'eux-mêmes à la seule inquiétude de conserver leur pouvoir et sauver leur apparence. Le dirigeant, politique ou non du reste, serait une figure paroxystique de la difficulté que l'être humain a d'être auprès de lui-même, d'entrer dans ce compagnonnage silencieux avec lui-même ; compagnonnage pourtant si déterminant pour rencontrer sa propre humanité.

Socrate définissait la pensée comme le dialogue de l'âme avec elle-même. Dans le *Philèbe*, il illustre cette nature dialogique par l'exemple d'un promeneur qui se demande si ce qu'il voit au loin est un berger ou une statue. Préoccupé de savoir ce qui est vrai, son âme va et vient de questions en hypothèses, jusqu'à ce qu'elle s'immobilise en un jugement. Une fois le jugement arrêté, la pensée cesse. On le sait d'expérience lorsqu'on a affaire à une personne dont on dirait justement qu'elle a des « idées bien arrêtées » ; l'expression signifiant qu'il lui est difficile de penser autrement ou qu'elle refuse simplement de le faire. Socrate nous aide à comprendre qu'une idée (trop) bien arrêtée ne nous empêche pas seulement de penser autrement, elle nous empêche de penser tout court. Ainsi ne pense-t-on qu'aussi longtemps que notre esprit se promène et s'interroge sur le sens de l'existence et celui des choses du monde. Il faudrait donc conclure en toute rigueur, avec Socrate, que qui ne connaît pas ce dialogue intérieur ne pense pas vraiment.

Dire que la pensée cesse où le jugement commence ne signifie pas que nous n'ayons pas besoin de juger ou qu'il soit mal de le faire. Le terme est aujourd'hui connoté négativement parce qu'associé à une appréciation dévalorisante. On sait trop peu qu'il n'a pas, en philosophie, cette charge moralisatrice. Juger, pour les philosophes, consiste à être capable de prendre une position éclairée sur les faits du monde, à choisir le sens auquel on s'adosse pour agir. Dire que la pensée cesse où le jugement commence signifie donc simplement que penser et juger sont deux choses différentes.

Hannah Arendt, témoin de l'effondrement moral du XXe siècle que constitua la *Shoah* sous l'Allemagne nazie, héritera pleinement de cette idée fondatrice et la précisera. Penser, écrit-elle, est « une activité au cours de laquelle je me parle de ce qui se trouve me concerner[1] ». Penser, c'est avoir l'habitude d'examiner ce qui

1. H. Arendt, *Responsabilité et jugement*, Payot, 2005, p. 146.

(nous) arrive. Juger – la plus politique des facultés mentales humaines selon Arendt – est un sous-produit de la faculté de penser. Cela consiste à tracer la frontière entre le juste et l'injuste, le bien et le mal, le beau et le laid[1]. Or tout se passe comme si l'esprit était toujours pris au dépourvu lorsqu'il s'agit de juger. Ce qui prépare et entraîne cette faculté si fondamentale, c'est la pensée.

L'apport d'Arendt sur cette question du dialogue intérieur me touche particulièrement à notre époque où l'économie de l'attention est un enjeu majeur. Notre quotidien est saturé de sollicitations en tout genre, les réseaux sociaux constituant une bonne part de celles-ci. Rares sont encore celles et ceux qui, dans les transports en commun ou dans le train par exemple, ne font rien. J'aime personnellement laisser un peu de ce temps vacant précisément pour que ma pensée puisse se déployer, divaguer, chercher. Cela se produit aussi lorsque je nage ou randonne. Mais force est de constater que ce temps de disponibilité intérieure où la pensée peut s'inviter n'est que peu désiré. Une musique, une série, une application, une boîte mail, un fil de discussion vient toujours le remplir volontiers.

Dans un essai plein de lucidité de 1947, l'écrivain Georges Bernanos écrivait : « On ne comprend absolument rien à la civilisation moderne si l'on n'admet

1. Je renvoie le lecteur à l'ouvrage *La Vie de l'esprit*, I, *La Pensée*, PUF, 1981, p. 79-80.

pas d'abord qu'elle est une conspiration contre toute forme de vie intérieure[1]. » L'être humain a-t-il attendu les techniques de la modernité pour se détourner de lui-même ? Il y a fort à parier que non et que nous avons, de tout temps, été prompts à fuir ce tête-à-tête avec nous-même. Beaucoup le trouvent vertigineux. Et si s'ouvraient des questions sans réponse ? Et si je n'aimais pas ce que je vois ? Et si cela me faisait tomber dans un puits de colère, de tristesse, d'angoisse, de désespoir ou d'impuissance ? Pourrai-je seulement en sortir ? Nul besoin d'être philosophe pour savoir, même confusément, qu'être seul avec soi-même fera surgir des questions existentielles et métaphysiques : qui suis-je ? Puis-je en décider ? Quel sens ma vie a-t-elle ? Doit-elle en avoir un ? Pourquoi certaines épreuves m'arrivent à moi ?

Le contournement de ces questions n'empêche pas, bien sûr, d'avoir une vie intérieure. Mais ce que Socrate, et Arendt à sa suite, nous permettent de comprendre, c'est qu'il peut y avoir vie intérieure sans dialogue intérieur. Je peux tout à fait, par exemple, avoir une vie intérieure riche de fantasmes tout étant incapable de prendre de la distance avec moi-même et mes expériences. On peut d'ailleurs hasarder ici une hypothèse : la plupart de nos dirigeants politiques évoluent dans un fantasme continu d'eux-mêmes et du monde. Fantasme qu'ils n'identifient évidemment pas

---

1. G. Bernanos, *La France contre les robots*, Le Castor Astral, 2009, p. 110.

comme tel. Bien au contraire, pour la plupart d'entre eux, fantasme et réalité se confondent si bien que la distance, l'espace nécessaire au dialogue intérieur, n'existe plus.

La banalité du refus d'être cueilli par les questions propres au dialogue intérieur m'a toujours frappée. Souvent, au détour de mes conversations avec des personnes de tout âge, je devine une absence à soi. Doutes, sentiments, étonnement, désirs profonds ne trouvent aucune forme d'expression. Sûrement, dans de nombreux cas, en va-t-il en partie d'une simple pudeur. Mais j'ai pu aussi côtoyer des personnes véritablement étrangères à elles-mêmes. Des personnes qui ne sauraient dire ce qu'elles ressentent ou pensent non parce que les mots ou la confiance dans la relation manquent, mais parce qu'elles ne le savent pas elles-mêmes. Pour des raisons que la philosophie, la psychologie, la psychanalyse mais aussi les grandes spiritualités historiques ont bien expliquées, certaines personnes ne s'habitent pas elles-mêmes.

Ces rencontres sont toujours, pour moi, une difficile expérience d'ennui. Poussons la confidence plus loin et disons même qu'elles m'ont longtemps inspiré une sorte de mépris pour ce que j'estimais être de la médiocrité. Mais, tout mépris est évidemment une méprise sur la réalité. En y regardant de plus près, j'ai fini par comprendre pourquoi certaines rencontres peuvent être, pour moi, sans goût et sans joie. Pourquoi certaines me laissent un peu éteinte. L'absence de dialogue intérieur, et donc de pensée, appauvrit l'être. Une personne qui ne s'entretient pas d'une manière ou d'une autre avec elle-même perd en densité humaine. Elle n'offre plus que la possibilité d'une relation ténue, peu généreuse et peu vitalisante. C'est ainsi qu'un lien évident m'est apparu : dialoguer en soi-même est une manière de s'intéresser à soi-même. S'intéressant à soi-même, on se découvre intéressant, et se trouvant intéressant, on se met à intéresser les autres, aussi bien d'ailleurs qu'à s'intéresser à eux. Car, de fait, les personnes qu'il m'arrive de ne pas trouver intéressantes me le rendent bien. Elles sont souvent précisément celles qui ne me posent aucune question sur qui je suis et ce que je vis.

L'impression de médiocrité qu'elles font sur moi est donc à comprendre non pas en un sens moral – il ne s'agit pas de dire que je suis un meilleur être humain qu'elles – mais en un sens phénoménologique. Leur médiocrité est une superficialité, une absence de profondeur par absence à soi. L'ennui ressenti à leur contact ne fait que signaler ce vide d'être et de sens, lui-même symptomatique d'une décoïncidence avec soi-même.

Cette décoïncidence ne serait pas un problème si elle ne faisait, lorsqu'elle est quasi totale, le lit de ce que Arendt a nommé « banalité du mal » ; célèbre formule par laquelle elle diagnostiquait ce qui avait pu pousser les dignitaires nazis à agir comme ils l'avaient fait. En 1961, alors qu'elle couvre le procès de l'un d'eux à Jérusalem pour *The New Yorker*[1], elle conclut : Eichmann n'était pas un monstre hors du commun mais un homme ordinaire qui « simplement » ne pensait pas.

Par ce terme de « banalité », qui en a choqué plus d'un, Arendt voulait principalement signifier deux choses. D'abord que le mal dont Eichmann avait pu faire preuve nous concerne tous, au sens où, dans l'absolu, chacun d'entre nous pris dans des circonstances comparables s'y serait peut-être livré. Ce mal radical est donc « banal » dans la mesure où il n'est pas le fait de personnalités exceptionnellement perverses ou mauvaises, mais de personnalités occupées à se désinvestir d'elles-mêmes, à se débarrasser de leur propre soi, à se dé-personnifier. Ce qui entraîne leur déresponsabilisation.

Ensuite, cette désertion intérieure est rendue possible par ce que Arendt appelle la désolation, un déracinement des individus caractéristique des régimes totalitaires. L'individu est déraciné lorsque tout concourt à le perdre, à le diluer dans la masse. Et la masse se crée lorsque les individus se trouvent privés d'un monde commun, c'est-à-dire d'un espace public à partir duquel ils puissent vivre la condition de pluralité constitutive d'un monde commun. Autrement dit, je suis arraché à moi-même lorsque je suis privé à

1. Ses articles sont publiés sous forme de livre, en 1963, sous le titre *Eichmann à Jérusalem*. Le sous-titre est controversé – *Rapport sur la banalité du mal* – et le livre fera scandale.

la fois de la possibilité d'un dialogue avec moi-même et d'un dialogue avec d'autres. Cette double impossibilité engendre une banalisation des individus au sens où tout est fait pour qu'ils soient condamnés à la plus grande superficialité possible. Superficialité qu'Arendt relie donc explicitement à l'absence de pensée.

Ce détour par Arendt me semble indispensable pour comprendre la valeur et la nécessité de la solitude, puisque c'est en elle que peut se vivre un dialogue avec soi-même, lui-même condition de possibilité d'une vie éthique. Fuir la solitude, comme il est si tentant de le faire, c'est fuir le questionnement intérieur qui assure notre qualité morale d'être humain. Pourtant, l'écrasante majorité d'entre nous avons sûrement le souhait d'être une personne juste. Pourquoi alors vouloir échapper au mode d'existence qui le permet? Sans doute, notamment, parce que nous confondons solitude, esseulement et isolement.

Une distinction qu'Arendt opère avec beaucoup de clarté. La solitude, explique-t-elle, est un vivre-avec-soi dans lequel nous pouvons trouver la réponse à la question éthique par excellence: « Que dois-je faire? » Cette réponse ne vient ultimement ni des us et coutumes, ni d'un commandement d'origine divine ou humaine, mais tient tout entière dans ce que nous décidons en pleine considération de nous-même, c'est-à-dire en étant deux en un! « La solitude, écrit-elle, implique que, bien que seul, je sois avec quelqu'un (c'est-à-dire moi-même). Elle signifie que je suis deux en un, alors que l'isolement ainsi que l'esseulement ne connaissent pas cette forme de schisme, cette dichotomie intérieure dans laquelle je peux me poser des questions et recevoir une réponse. La solitude et l'activité qui lui correspond, la pensée, peuvent être interrompues par quelqu'un d'autre qui s'adresse à moi ou, comme toute autre activité, lorsqu'on fait quelque chose d'autre, ou encore par simple fatigue. Dans tous ces cas, les deux que j'étais dans la pensée redeviennent un. [...] Parce que ce un que je suis désormais est sans compagnie, je peux rechercher celle des autres – sous la forme de gens, de livres, de musique –, et s'ils me font défaut ou si je suis incapable d'établir un contact avec eux, je suis envahi par l'ennui et l'esseulement. Pour cela, il n'est pas nécessaire d'être seul : je peux m'ennuyer beaucoup et me sentir très esseulé au milieu de la foule, mais pas dans la vraie solitude, c'est-à-dire en compagnie de moi-même [...]. Le dernier mode d'être seul, que j'appelle isolement, apparaît quand je ne suis ni avec moi-même, ni en compagnie des autres mais concerné par les choses du monde[1]. » Arendt entend par là soit l'état de concentration dans lequel nous sommes lorsque nous sommes absorbés par une tâche, soit le fait d'être rejeté ou abandonné par ceux avec qui nous partagions un certain engagement et une certaine vision du monde.

1. *Op. cit.*, p. 146-147.

Retenons en tout cas que la solitude de la pensée introduit un écart de soi à soi qui, seul, nous permet d'être le témoin de nous-même. Ce qui signifie, pour chacun, le courage de se donner le spectacle de ses faits et gestes, mais aussi celui de les examiner. Impossible de tricher avec soi-même dès lors qu'on ne se soustrait pas à ce dialogue intérieur. Impossible également de vivre en paix avec soi-même dans la contradiction intime et le mépris de soi-même que cette contradiction engendrerait. C'est en tout cas la conviction d'Arendt, mais je dois dire que je la trouve sur ce point contestable. Il me semble, en effet, qu'on peut tout à faire vivre dans le mépris de soi-même. Douloureusement peut-être ou à grand renfort de stratégies manipulatoires, mais la chose est possible. Elle est sans doute même fréquente. En tout état de cause, face à un véritable dilemme éthique, chacun d'entre nous a ses petites lâchetés – ou ce que le tribunal social, du moins, qualifierait comme telles.

Ce point de désaccord avec Arendt me conduit à penser que l'évitement si commun du dialogue intérieur vient peut-être aussi d'une conception répandue mais erronée de l'éthique. Dans tous les ateliers que j'anime sur le sujet, je constate en effet que l'éthique (ou la morale) est associée à l'idée de perfection. Être quelqu'un de juste, respectable et inspirant, bref être quelqu'un de bien, c'est être un peu irréprochable, parfait. Cette confusion entre l'éthique et la perfection – d'aucuns diraient la pureté – nuit terriblement à la capacité des personnes à se rencontrer elles-mêmes. Car évidemment, personne n'a envie d'aller regarder en soi-même pour découvrir à quel point la perfection n'est effectivement pas de ce monde.

Cette quête illusoire de perfection morale engendre beaucoup de violences psychologiques contre soi-même et contre autrui. Pour quiconque est prisonnier de cette quête, le dialogue intérieur vire au procès perpétuel. Et les peines qu'on (s')inflige pour sanctionner notre imparfaite condition sont multiples et constantes. Rien d'étonnant donc à ce que dialoguer avec soi-même suscite peu d'enthousiasme. Rien d'étonnant non plus à ce que nos représentants politiques en prennent si peu le temps, eux qui sont plus que quiconque sommés d'être exemplaires alors que, souvenons-nous de Machiavel, ils doivent se montrer avant tout d'efficaces stratèges. Fidèles à cette vision machiavélienne, le dialogue intérieur les condamnerait à passer leur temps à se trouver méprisables.

Il suffirait pourtant de relire Aristote pour comprendre qu'on s'égare. Dans *Éthique à Nicomaque*, le Stagirite développe l'idée que l'éthique est d'abord une invitation à la perfectibilité, c'est-à-dire au polissage constant de son humanité. Les vertus propres à l'humanité – courage, tempérance, justice et sagesse pratique, nous dit le philosophe grec – existent en chacune et chacun à l'état de potentiel dormant. Les deux ressorts de leur actualisation sont universels : la délibération intérieure et l'entraînement par imitation de modèles vertueux.

Nous ne sommes pas toujours à la hauteur de la personne que nous aimerions être et nous paraîtrons parfois plus que ce que nous sommes. L'éthique commence dans la relation instaurée avec soi-même : savons-nous être pour nous-même un bon ami, franc *et* doux, exigeant *et* encourageant ? Nul besoin de mascarade entre soi et soi. Nul besoin de s'accabler du mal que par facilité nous faisons parfois. L'éthique, c'est aussi savoir pardonner, et d'abord à soi-même. À condition de nous redéterminer sans cesse à expérimenter la plus haute expression de notre humanité.

Si j'insiste sur cette culpabilité permanente de ne pas être parfait – comme s'il fallait l'être pour être à la hauteur de notre humanité –, c'est parce qu'il me semble qu'on sous-estime à quel point elle entrave la possibilité de s'entendre avec soi-même, et même de s'entendre soi-même. Elle occasionne, en effet, presque toujours deux attitudes inverses : être tellement à l'écoute de l'autre (ses besoins, ses projections et inquiétudes) qu'on ne s'entend plus soi-même ; être tellement à l'écoute de soi qu'on n'entend plus l'autre. J'aurai l'occasion de revenir sur la seconde attitude, mais c'est la première qui retient ici mon attention, car j'ai pu observer en moi-même la manière dont le souci d'être irréprochable aux yeux de l'autre interrompt tout dialogue intérieur. Polarisée par le regard de l'autre et ses (supposées) attentes, je n'entends plus de voix intérieure. M'interroge-t-on sur mes besoins ? Je ne sais quoi répondre tant j'en suis coupée. Et je conclus alors que « tout me va ». Cette façon de s'oublier dans l'autre condamne non seulement le dialogue intérieur, mais aussi tout véritable dialogue avec l'autre puisque, disparaissant en tant que personne, je n'offre plus à l'autre l'altérité constitutive d'un dialogue.

On pourrait se méprendre sur la nature du dialogue intérieur et conclure qu'il se suffit à lui-même pour installer une personne dans l'existence. On pourrait croire, en effet, à ce stade, que je n'ai nul besoin des autres pour avoir conscience de moi-même et penser. Or il existe un lien intime et fondamental entre dialogue intérieur et dialogue avec autrui. D'abord parce que le dialogue avec soi-même est une expérience liminaire d'altérité puisque, par lui, je deviens pour moi-même un autre, au sens où je m'adresse à moi-même comme à un autre. Autrement dit, le premier autre, c'est celui que je suis pour moi-même. Arendt dira que cette dualité intérieure préfigure la pluralité humaine, la communauté. Ensuite parce que, n'étant pas coupé du monde, mes pensées sont pleines des autres. Lorsque je me parle à moi-même, je ne cesse de le faire à leur propos. Le dialogue intérieur est donc une intériorisation ou une anticipation du dialogue avec les autres.

Mais le lien le plus déterminant entre dialogue intérieur et dialogue avec autrui vient d'ailleurs. Il vient du fait que mon identité n'est pas assurée par mon activité pensante. Le processus même de la réflexion, ses rebondissements et ses déplacements de perspectives, la rend incertaine. Il s'ensuit que, lorsque je pense, je ne sais jamais *qui* je suis vraiment. J'ai besoin que quelqu'un rompe la solitude de mon dialogue intérieur pour cela. Autrement dit, je n'accède pleinement à moi-même que par la médiation des autres. L'identité personnelle est donc tributaire de la présence d'une altérité. Arendt, encore, nous le dit en ces termes : « Pour être confirmé dans mon identité, je dépends entièrement des autres ; et c'est la grâce salutaire de l'amitié pour les hommes solitaires qu'elle fait à nouveau d'eux un “tout”, qu'elle les sauve du dialogue de la pensée où l'on demeure toujours ambigu, qu'elle restaure l'identité qui les fait parler avec la voix unique d'une personne irremplaçable[1]. »

Se retrancher exclusivement dans le dialogue intérieur nous ferait sombrer dans la folie. Mais ne connaître aucun dialogue intérieur aussi. Être capable d'un tel dialogue quand l'environnement est saturé de sollicitations en tout genre est une gageure. Être capable de s'interpeller soi-même sur ses propres opinions ou convictions quand elles nous semblent constitutives de notre identité ou lorsque l'on craint d'être manipulé en est une aussi. Notre voix intérieure est constamment recouverte de bruits, de peurs, de honte. Chez Arendt, l'autre est celui qui

1. H. Arendt, *Le Système totalitaire*, III, Points, Seuil, 1972, p. 228.

nous sort de la solitude de la pensée en soi-même. L'expérience des ateliers philosophiques que j'anime me prouve que c'est aussi souvent grâce à l'autre que le chemin de cette nécessaire solitude se retrouve. Par une parole, une question, voilà que chacun se regarde enfin penser.

2

Le dialogue avec le tout proche

> « Dans ma maison, j'avais trois chaises : une pour la solitude, deux pour l'amitié, trois pour le monde. »
>
> Henry David Thoreau[1].

Le premier autre que soi-même avec qui nous vérifions la possibilité ou non du dialogue dans l'existence, c'est le tout proche. Un parent, une sœur, un frère, un fils, une fille, un ou une ami(e), l'amoureux ou l'amoureuse… Beaucoup craignent la conversation avec l'inconnu(e) sans s'avouer que le dialogue intrafamilial et amoureux, notamment, est le plus difficile. Ces deux derniers m'intéressent particulièrement parce que le risque de perdre les primo-liens qu'ils engagent est plus grand. On redoute la maladresse ou l'emportement qui feront tout basculer. On appréhende aussi le regard que l'autre portera sur soi selon ce qu'on dévoile, autant qu'on appréhende de faire effraction

1. H.D. Thoreau, *Walden ou la Vie dans les bois*, Gallimard, 2021, p. 163.

dans son intimité à lui, de le gêner par nos questions et confidences.

Des preuves de ce difficile dialogue à engager avec le tout proche, nous en avons plein. Je songe pour ma part à mon grand-père paternel. Un homme de 93 ans, un âge auquel, quel que soit le sort que la vie nous a réservé, celle-ci se met décidément à se retirer. Mon grand-père ne distingue plus bien ses nuits de ses jours, ses rêves de la réalité. Il est, depuis peu, tenu alité par une bronchiolite, contre laquelle il n'a plus ni l'envie ni vraiment la force de se battre. Rien ne nous prépare jamais suffisamment à ce déclin pourtant annoncé. De fait, être le témoin de son parent approchant la mort est très douloureux pour mon père, qui est un homme aussi sensible que pudique. Alors qu'il lui rend visite, et depuis la montagne d'où j'écris, j'ai envie de me joindre à lui pour le soutenir. M'apprêtant à l'appeler, je découvre qu'il nous envoie la photo qu'il vient de prendre de son père sous oxygène, agrémentée d'un commentaire laconique mais bouleversé : « Voilà, que dire ? »

Cette question rhétorique m'émeut profondément par sa justesse. Certaines situations nous laissent sans voix. Parfois les mots nous manquent. Et peut-être, parfois, doivent-ils manquer. Parce qu'il n'est pas l'heure de faire parler l'émotion par un autre langage qu'elle-même. Lorsque je me décide à l'appeler, après quelques mots sa voix se serre d'émotion et la communication coupe. Je le soupçonne d'avoir raccroché pour laisser libre cours à ses larmes, seul sur la route du retour. J'ai voulu joindre mon père pour lui faire part de mon soutien et lui donner la possibilité de dire sa souffrance. Mais son émotion le rend indisponible à cet espace que j'ouvre. Il me faut accepter que, momentanément, mes mots ne l'atteignent plus. Accepter qu'il nous reste à dialoguer en silence, à distance, simplement reliés par l'émotion.

Ne pouvant parler à mon père, je choisis d'appeler ma mère pour lui confier mon désir de nous voir le soutenir au mieux dans ce moment difficile. Je lui demande comment elle vit la souffrance de l'homme qu'elle aime. Sa réponse me donne à penser : « Je ne parviens pas à le soutenir parce qu'il ne se confie pas, il ne me dit rien. » Je nous invite alors à nourrir simplement l'intention d'avoir un cœur ouvert et une présence aimante afin qu'il se sente accueilli tel qu'il est, autorisé à tout déposer, y compris l'image de l'homme inébranlable que son éducation (largement encouragée par la société) a imprimée au fond de lui. Quelques minutes après notre échange, ma mère m'écrit : « Papa est rentré. Grosses larmes des deux côtés. Ça fait un bien fou ! » Des larmes qui répondent à des larmes. Une communion de larmes. N'est-ce pas aussi, pour deux vies, une façon de dialoguer ?

Oui, si l'on considère qu'un « dialogue silencieux » n'est pas un oxymore. Ce qui est loin d'être évident car le mot même de dialogue contient étymologiquement celui de *logos*, la parole en grec. À moins d'affirmer qu'un dialogue ne se paye pas toujours de mots, parler de dialogue en l'absence de parole – comme le dialogue des corps, par exemple – pourrait donc n'être qu'une métaphore. Le lien entre dialogue et langage parlé m'interroge en tout cas.

L'importance du non-verbal est aujourd'hui acquise et nous savons que la signification n'est pas réduite à la parole. Mieux, le silence peut être extrêmement signifiant. Il peut dire la désapprobation, le recueillement, l'empathie, mais aussi parfois le mépris. Le fait que la tradition extrême-orientale ait accordé une telle importance au silence doit retenir notre attention. Savoir se taire est une chose importante chez les taoïstes. Le silence est une déclinaison du non-agir, une manière de suspendre sa volonté. Car parler nous donne prise sur le réel. Mais cette volonté d'avoir prise peut aussi relever d'une volonté de maîtrise et de contrôle excessive. Le revers du dialogue est donc celui de la parole : si je parle tout le temps, si ma parole occupe tout l'espace, le monde ne m'atteint plus et je finis inévitablement par ne plus savoir de quoi je parle. Ou bien je parle pour ne rien dire.

Un véritable dialogue sait donc faire sa place au silence, non seulement pour se laisser atteindre, par le monde et par l'autre, mais aussi pour métaboliser ce qui se dit. Ces vertus du silence ont un pendant symptomatique, car le silence peut aussi témoigner de l'infidélité du langage à ce qu'on vit. Henri Bergson avait très bien expliqué ce pouvoir ambivalent des mots. Le mot, nous dit-il, trahit toujours un peu ce que nous cherchons à dire. La parole est condamnée à être insuffisante parce que la vie déborde le langage. C'est précisément ce dont témoignent ces moments où une émotion ou un sentiment sont si forts qu'on préfère ne rien en dire de peur que les mots ne nous arrachent à l'intensité de ce qu'on éprouve en l'appauvrissant. Parfois, pour laisser le vécu intact, on préférerait se taire.

Du silence dans nos relations familiales, il y en a. Souvent trop. Et souvent pour des raisons qui ne sont pas celles de se laisser atteindre par le monde ou de vivre une émotion. Le dialogue intrafamilial est presque toujours le plus difficile. On ne sait pas comment s'y prendre. On est empêtré dans tout ce que l'on sait de l'autre ou croyons savoir. Empêtré dans les blessures de nos relations. Empêtré dans le rôle qu'on s'est mis à tenir dans l'écosystème filial. J'ai tendance à penser que mes parents, ma sœur et moi formons une famille particulièrement dialoguante. Je constate pourtant tout ce qui reste de pudeur, de difficulté à nommer et à se comprendre. Je constate tout ce qu'on ne se dit pas pour paraître fort, pour ne pas inquiéter, ne pas blesser, ne pas prendre le risque d'être jugé.

J'ai longtemps cru et espéré que mon expérience d'une parole intrafamiliale circulant bien était largement partagée. J'ai vite découvert qu'il n'en était rien. Je revois un automne, recouvrant de rouge et d'or tout ce qu'il peut dans les vallons de la Mayenne. Le temps s'étire dans une maison de famille où je me trouve et sur laquelle pèsent un peu trop de souffrances. Plusieurs membres de cette famille, qui n'est pas la mienne mais celle de mon compagnon, sont réunis. J'appréhende une histoire, des personnalités, une culture propre à la ruralité. Un monde avec lequel celui d'où je viens n'a pas l'habitude de dialoguer. Et pour moi qui me targue souvent d'avoir le cœur bien ouvert, la rencontre n'est pas simple.

Qu'en est-il de la possibilité du dialogue quand le rapport de chacun à la parole est si différent? Car dans cette famille, la parole est économe. Les silences nombreux, entrecoupés de banalités. Rien ne se dit vraiment. Il est vrai que les liens et les intériorités sont ici abîmés. Je me demande à quel point ces déchirures et ce silence sont liés. J'essaie à plusieurs reprises d'engager la conversation. Je m'intéresse aux goûts des uns, à la trajectoire de vie des autres, avec une chaleur humaine dont j'estime que tout le monde a besoin. Mais c'est un peu laborieux. Je fais face à ce qui me semble être un mélange d'impuissance et d'indisponibilité.

Je connais ce caractère taiseux. Lorsque j'interpelle parfois mon père sur ce trait, il me répond: « Je ne parle pas de ma souffrance parce que je ne vois pas ce que ça changerait que je parle. » Ce doute sur la valeur de sa propre parole me saisit. Il dit ne pas vouloir encombrer l'autre de ses états d'âme, mais exprime aussi, et peut-être même surtout, le fait de n'avoir pas toujours été bien écouté et compris. Cet effort sincère et cette disponibilité pour entendre ce que l'autre essaie de nous dire sont au cœur de tout véritable dialogue. Sans eux, nous réduisons l'autre au silence. Parce qu'il sent que sa parole ne sera pas entendue. Et parfois parce qu'il pressent qu'il y a, pour l'autre, de l'inaudible.

J'ai aussi constaté chez mon père comme dans cette famille visitée que certains se taisent non parce que l'heure des mots n'est pas venue ou parce qu'ils ne sont pas entendus, mais parce que les mots manquent. On peut être économe en mots par choix, mais cette économie est souvent subie. Je cherche donc à comprendre la place de la parole et des mots dans le dialogue. Et je m'interroge : la capacité de dialoguer dépend-elle du vocabulaire dont on dispose ?

Il est à peu près établi aujourd'hui que pensée et langage sont intimement liés. Leur lien a fait l'objet d'une longue controverse philosophique au fil des siècles, mais on trouve chez Hegel la position qui fera le plus consensus chez les philosophes et linguistes après lui. Dans son *Encyclopédie des sciences philosophiques*, notre penseur allemand dénonce la double illusion d'une pensée qui préexisterait au langage et d'un ineffable, c'est-à-dire d'une sorte de réalité supérieure à ce qu'il est possible de dire. « C'est dans les mots que nous pensons, affirme simplement Hegel. Nous n'avons conscience de nos pensées déterminées et réelles que lorsque nous leur donnons une forme objective, que nous les différencions de notre intériorité [...]. C'est le mot qui seul nous offre une existence où l'externe et l'interne sont si intimement unis. Par conséquent, vouloir penser sans les mots, c'est une tentative insensée. [...] On croit ordinairement, il est vrai, que ce qu'il y a de plus haut, c'est l'ineffable. Mais c'est là une opinion superficielle et sans fondement ; car, en réalité, l'ineffable, c'est la pensée obscure, la pensée à l'état de fermentation, et qui ne devient claire que lorsqu'elle trouve le mot. Ainsi, le mot donne à la pensée son existence la plus haute et la plus vraie[1]. »

Il n'y a pas de pensée extérieure au langage. La pensée pure est un mythe. C'est un élan confus, une énergie indéterminée, une nébuleuse indistincte. Bref, une illusion de pensée. Seule la verbalisation des pensées en assure l'effectivité. Loin que la verbalisation trahisse la pensée, elle la fait advenir à elle-même. Ce qui ne peut se dire, le fameux ineffable, est simplement une pensée qui se cherche et ne se possède pas encore. Hegel a donc cherché à expliquer que l'intention de signifier quelque chose, dont on a longtemps fait le propre de l'Homme, ne va pas d'une pensée intérieure, qui serait extérieure et antérieure aux mots, à la parole. Elle procède par approximations successives d'une formulation intérieure imprécise à une formulation plus précise dans une dialectique sans fin qui est la vie de

1. G.W.F. Hegel, *Encyclopédie*, III, *Philosophie de l'esprit*, § 462.

la parole et de la pensée. Elle va du confus à la clarté par la médiation des mots.

C'est donc dans le mot que la pensée prend corps. L'écrivaine Camille Laurens dira d'ailleurs que les mots peuvent manquer presque comme des corps. Elle l'a vécu dans sa chair, elle qui a perdu un fils. Avec beaucoup de sensibilité, elle écrit à ce sujet qu'elle a éprouvé, dès le lendemain de sa mort, un besoin vital de l'écrire : « Que j'aie trouvé dans ce maniement immédiat des mots je ne dis pas du soulagement mais une forme de secours qu'on pourrait appeler de la confiance, que j'aie souvent, au fil des jours, écrit au lieu de pleurer paraîtra peut-être incongru ou excessivement cérébral à certains. Moi-même je cherche à comprendre : comment les mots, qui sont des choses, ont-ils ce pouvoir d'aider les hommes à vivre – car il s'agissait bien de cela pour moi : ne pas mourir de douleur[1] ? »

Pas de survie psychique sans mots donc. Pas de pensée non plus. Est-ce à dire que moins l'être humain dispose de mots, moins il pense ? Face à la langue des jeunes et à l'orthographe malmenée, certains se posent actuellement la question avec inquiétude. Il me semble difficile de déterminer aujourd'hui si nous sommes face à une évolution naturelle de la langue – nous ne parlons plus le latin ou le gaulois et personne ne s'en désole – ou si la langue subit effectivement un

1. C. Laurens, *La Trilogie des mots*, Gallimard, 2011, p. 14.

appauvrissement significatif sous l'effet, notamment, des réseaux sociaux. Je ne suis pas spécialiste de neuro-cognition, ni linguiste, mais mon expérience des ateliers philosophiques et des dialogues menés avec des proches n'ayant pas bénéficié de mes études supérieures me porte à conclure que le questionnement, la capacité à faire des liens et des hypothèses, la quête de vérité ne sont pas strictement tributaires du vocabulaire connu. Des paroles simples peuvent être bouleversantes de pertinence et d'empathie. L'ironie veut d'ailleurs que peu de ceux que l'on qualifie d'« intellectuels » soient capables de telles paroles. D'une manière générale, j'ai néanmoins pu constater que la diversité et la complexité des mots maîtrisés facilitent et renforcent non seulement le raisonnement mais la prise de parole.

Deux choses d'une importance cruciale dans nos relations intimes. Car les mots de nos proches peuvent être les plus réconfortants comme les plus blessants. Le proche que nous sommes nous-même pour d'autres a aussi ce pouvoir. Et c'est bien parce que nous savons la puissance ambivalente de ce qui se dit entre nous, proches, que le dialogue est une possibilité plus fragile qu'ailleurs.

Fragile parce que nous sommes toujours dans la crainte que certains mots nous coûtent la relation. On s'interdit le dialogue de peur que le lien n'en sorte pas indemne. Ou n'en sorte pas du tout. Ce qui d'ailleurs doit nous interroger : un véritable dialogue peut-il avoir la fin d'une relation pour issue? A-t-on raison de penser qu'il peut constituer un risque? N'y a-t-il pas là une impossibilité de principe? Autrement dit, un dialogue qui se solde par une rupture totale du lien a-t-il échoué comme dialogue?

Face à ces questions, le dialogue amoureux nous instruit peut-être mieux que tout autre. Mon propre couple m'a en tout cas beaucoup enseigné en la matière. Alors même que le couple paraît la relation où l'on est aimé pour qui l'on est – davantage que la relation filiale puisque, dans le couple, l'autre me *choisit* pour qui je suis –, il constitue aussi une relation où la peur de s'exprimer est forte. J'ai moi-même observé cette peur de dire ce que je ressens, ce que je pense, ce que je veux vraiment. Peur de dire parce que peur de mal dire et donc que dire fasse mal. Or sans ce courage de dire – pas nécessairement tout mais l'essentiel – le couple n'a plus d'intimité et donc plus de réalité, puisque cette intimité caractérise le couple.

On sous-estime ce que dialoguer peut demander de courage, au sens étymologique du terme. Courage vient du latin *cor*, qui signifie cœur. Le dialogue est de part en part une affaire de cœur. Pour dialoguer, il faut avoir à cœur que les choses soient dites et avoir le cœur de les dire. Par ce dire, le dialogue est faiseur d'intimité parce qu'il nous met au cœur de nous-même et au cœur de la relation. Socrate ne s'y était pas trompé : dialoguer est une expérience insubstituable pour continuellement apprendre à *se* connaître – l'autre comme soi-même. Ce que nous indique d'ailleurs le mot même de dialogue. *Dia* – « à travers, entre » – *logos* – « raison parlante », nous dit l'étymologie grecque. Tout est là : dialoguer, ce n'est pas penser *à partir de* – soi ou l'autre – mais penser *entre* ou à travers. Le dialogue est une *traversée* de la parole qui fait émerger *entre* nous une pensée qui n'appartient ni à l'un ni à l'autre. Non que le dialogue génère des idées sans auteurs, bien au contraire. Il est plutôt l'expérience unique d'un état où ce n'est pas moi qui ai l'idée, mais c'est l'idée qui me fait. Lorsque je dialogue vraiment, je ne me contente pas de partager ce que je pense, je le découvre aussi en partie chemin faisant. Un dialogue authentique se reconnaît donc au fait que chacun est par endroits révélé à lui-même. Faiseur d'intimité, le dialogue est aussi faiseur de subjectivité.

Le couple nous fait également comprendre, mieux que toute autre relation, que le dialogue est l'expérience insubstituable d'une reconnaissance continuellement reconduite. Dans le dialogue, l'autre et moi existons comme personne(s), aux deux sens de l'expression. D'abord il nous fait exister en tant que personne, c'est-à-dire en tant qu'être humain *digne* de respect. Mais, de la même façon que l'on peut dire de quelqu'un qu'il sait faire telle ou telle chose « comme personne ! », il nous fait aussi exister en tant que personne *unique*. Le dialogue est donc une expérience fondamentale de reconnaissance mutuelle. Reconnaissance essentielle au couple puisque, sans elle, nous ne pouvons pas nous rechoisir pour qui nous sommes. Sans dialogue, l'autre et moi sommes toujours susceptibles de disparaître comme personne, de devenir une sorte de *chose* acquise, dont l'intérêt s'épuise avec le temps.

Or, si l'on admet que le dialogue est cette rencontre profondément humanisante, cette rencontre où tout peut s'entendre, parce que l'autre et moi sommes désireux de vérité et prêts à déconstruire ce qui doit l'être, on voit mal comment il pourrait aboutir à la fin du lien. Comment pourrait-on et pourquoi voudrait-on mettre fin à une relation dans laquelle la compréhension mutuelle est poussée si loin ? On peut bien sûr choisir d'investir un peu moins une relation ou d'acter une autre nature que celle qu'elle avait pu avoir – devenir amis lorsqu'on a été amants, par exemple – mais le dialogue est un tel espace d'authenticité, de vulnérabilité et d'encapacitation[1] tout à la fois, qu'il serait absurde qu'il signe la fin du lien. Non seulement je défends donc l'idée qu'un dialogue ne met jamais en risque la relation – alors que son absence, si – mais j'avancerai même que, si la relation prend fin à l'issue de ce que nous pensions être un dialogue, c'est qu'il n'en était pas un. Tout dialogue se signale par un égal désir de vérité et de communauté, c'est-à-dire de lien.

Cela ne signifie pas qu'il soit facile de dialoguer. Faiseur d'intimité, de subjectivité et de dignité, le dia-

1. Traduction de la notion d'*empowerment*.

logue emporte de nombreux défis. Celui de l'écoute est peut-être le plus universellement partagé ; le paradoxe voulant qu'il soit souvent plus difficile à relever selon la proximité que nous avons avec les personnes. Cette proximité rend en tout cas manifeste la raison pour laquelle nous pouvons parfois être impénétrables à ce que dit l'autre, et donc promis au dialogue de sourds. Cette raison est toute simple mais redoutable : notre difficulté à suspendre notre jugement pour considérer sérieusement et sincèrement l'intérêt du dire de l'autre. Pourquoi nous est-il si difficile de faire taire momentanément ce que nous pensons pour nous rendre disponible à lui ? Parce que nous sommes pris dans la survivance émotionnelle de blessures d'enfance. Cette part, qui est peut-être la plus importante, a été largement sous-estimée par les philosophes, qui se sont beaucoup plus occupés de nos raisonnements et de nos opinions. Or la résonance affective de notre enfance fait massivement obstruction à une écoute de qualité. Elle le fait d'autant mieux que, le plus souvent, nous sommes pris dans cette résonance sans conscience de ce qui se joue pour nous. Autrement dit, le présent se fait mal entendre parce que le passé s'en mêle.

Le travail spirituel et thérapeutique dans lequel je suis engagée depuis de nombreuses années m'a permis de comprendre que notre passé est lui-même souvent fait d'un défaut majeur d'écoute – à comprendre au sens large d'accueil de qui nous sommes – que nous avons subi et que nous infligeons en retour. Notre surdité à ce que pense et dit l'autre vient de ce que nous exigeons de lui. Combien de fois, observant mes parents échouer à s'entendre dans leurs échanges, ai-je vu à l'œuvre la terrible mécanique du « je n'entends pas qui tu es parce que je te veux autrement »! Plus l'autre nous est proche, plus sa différence nous menace et moins elle est supportable. Ainsi de ces familles déchirées parce que telle orientation sexuelle ou telle orientation politique n'ont pu être mises en dialogue.

Est-ce à dire qu'il faut avoir guéri de ses blessures et être débarrassé de toute forme d'exigences vis-à-vis de l'autre pour dialoguer? La question présuppose qu'un tel état est possible, ce dont on peut raisonnablement douter. Quand bien même toutes les sagesses nous enseignent comment vivre libre de blessures et d'attentes, elles sont les unes et les autres des marques irréductibles de notre humanité. Mais surtout, si l'on devait répondre par l'affirmative à notre question, la possibilité du dialogue exclurait de très nombreuses personnes. Pour des raisons toujours à la fois personnelles et sociales, l'introspection et le courage d'engager les transformations nécessaires ne sont pas le lot spontané de tout être humain. Il faut donc imaginer un dialogue possible dans le creuset de nos blessures et d'un accueil conditionnel de l'autre[1]. Cela dit, on ne peut évidemment pas nier que plus la conscience

1. Je reviendrai sur ce point dans le dernier chapitre.

de soi et la compréhension des dynamiques relationnelles sont fortes, plus le dialogue a des chances de se déployer. Pour être juste, il faudrait conclure que la maturité émotionnelle et relationnelle est une condition du dialogue mais que l'inverse est également vrai. Le dialogue est une condition d'émergence de la maturité d'une personnalité.

Dialoguer, c'est donc se risquer hors de soi, auprès de ce que pense l'autre, pour découvrir que ce qu'il y a à comprendre n'est pas qu'en soi. Ce risque est d'autant plus sensible que, si l'autre nous offre effectivement une écoute attentive, celle-ci provoque une sorte de dramatisation du verbe. Lorsque je suis vraiment écouté, je me mets à peser mes mots, à choisir de manière plus circonspecte les idées que je souhaite exprimer. Je deviens soucieux de mes propos et de leurs implications. Dans les ateliers que j'anime, pour encourager ce soin des mots, cette capacité à s'entendre parler et cette qualité d'attention à ce que dit l'autre, j'invite les participants à s'exprimer à la première personne, c'est-à-dire à privilégier l'emploi du « je » dans leur prise de parole. « Je » ne m'engage pas comme « on ».

Je sais, malgré tout, que cet engagement, ce risque hors de soi que constitue le dialogue n'est pas toujours possible ou souhaitable. Surtout dans les couples et les familles. La psychologie clinique et la psychanalyse nous ont, en effet, permis de comprendre qu'une relation, et *a fortiori* une famille, fonctionne comme un écosystème où le non-dit, le secret, le silence peuvent remplir une fonction de préservation d'un certain équilibre. Il existe donc des situations très spécifiques où l'absence de dialogue est un choix parce qu'elle assure paradoxalement, et au moins provisoirement – même si ce « provisoire » peut correspondre à plusieurs générations –, une forme de cohésion. La première génération est confrontée à l'acte commis et unie par le consensus de ne pas dire. Ce qui commande le secret n'est donc pas l'ignorance mais bien le silence choisi.

Les témoignages de thérapeutes constatant l'effort de certaines familles pour maintenir en place la configuration d'un secret, même éventé, sont nombreux[1]. Tous insistent sur le fait que de telles attitudes signalent la peur de voir la famille détruite compte tenu de la fragilisation des liens. Le secret les maintient tant bien que mal. Mal parce qu'une telle configuration implique, bien sûr, que certains membres se retrouvent dans une situation de dilemme extrêmement douloureux : s'ils parlent, ils trahissent celui, celle ou ceux avec qui ils partagent le secret ; s'ils se taisent, ils trahissent celui, celle ou ceux qui l'ignorent. Mais le plus frappant est sans doute que certains membres d'une famille puissent être traversés par le non-désir de savoir ce qu'ils savent, y compris et surtout quand le secret les concerne de près. On peut donc refuser

1. Voir notamment celui d'Édith Goldbeter-Merinfeld dans son article « Le poids du silence : la révélation par la non-révélation », in *Cahiers critiques de thérapie familiale et de pratiques de réseaux*, n° 33, 2004.

le dialogue parce qu'on refuse d'entendre dit ce qui provoquerait son effondrement personnel et/ou l'éclatement de la famille – éclatement qui, pour certains, équivaudrait à la mort.

Paradoxe du silence qui, tout en étant ce à quoi sont réduits les morts, peut parfois venir en soutien de la vie. Défi du dialogue qui implique que je tende vers l'autre sans renoncer à moi-même et suppose une infinie confiance dans notre humanité commune.

3

Le dialogue à l'ère des nouvelles technologies

> « Nos technologies nous réduisent au silence. D'une certaine manière, elles nous confisquent la parole. Ces silences – qui s'installent souvent en présence de nos enfants – ont provoqué une crise de la faculté d'empathie qui appauvrit aussi bien notre vie familiale et notre vie professionnelle que notre vie publique. »
>
> Sherry Turkle[1].

Immobile en mouvement. Je suis dans un train qui me ramène des Hautes-Alpes à chez moi. Il serpente entre Saint-Jean-de-Maurienne et Chambéry. Les nuages moutonnent sur le sommet des montagnes. Ailefroide, où je me suis rendue pour randonner quelques jours avec ma sœur, me paraît déjà loin.

Dans le petit hôtel où nous étions hébergées séjournaient principalement des couples. Mais dans la salle

1. S. Turkle, *Les Yeux dans les yeux – Le pouvoir de la conversation à l'heure du numérique*, Actes Sud, 2020, p. 22.

de restaurant où nous dînions tous les soirs se sont tout de suite détachées à mes yeux les deux tables où n'était dressé qu'un seul couvert. Venaient s'y asseoir respectivement un homme d'une cinquantaine d'années et un jeune trentenaire. Le tableau d'une personne attablée seule me donne toujours de la peine. Quand bien même cette personne aurait choisi sa solitude et l'apprécierait. Peut-être parce que, dans mon expérience, un repas qui n'est pas partagé a toujours un peu moins de saveur. Pourquoi d'ailleurs ? Sans doute parce que les relations sont une nourriture essentielle à celles du corps. À quoi bon, en effet, se maintenir en vie si cette vie n'est pas faite de rencontres et de relations au sein desquelles nous pouvons donner et recevoir de l'affection, donner et recevoir du sens ?

Il ne m'a pas fallu longtemps pour proposer à ma sœur d'inviter ces deux personnes à se joindre à nous. L'idée l'a enthousiasmée avec un peu d'appréhension néanmoins : « Mais qu'est-ce qu'on va leur dire ? » Nous sommes au cœur de ce que dialoguer avec l'inconnu implique. Et d'abord l'inquiétude d'être mal reçu. Et si l'autre ne voulait pas me parler ? S'il m'ignore, me rejette ou, pire, m'agresse ? On craint de paraître bizarre ou intrusif. Il faut dire que nous avons aujourd'hui tellement de moyens d'être seuls ensemble que toute tentative d'établir un lien que rien ne justifie sinon l'envie d'être en lien peut paraître incongrue.

Dans le dialogue, il en va toujours d'un dépassement à la fois de cette peur de la réaction de l'autre et du confort que procure l'entre-soi. Pourquoi s'embêter à faire l'effort de s'ouvrir à ces inconnus et s'intéresser à eux quand la compagnie d'une sœur, d'un amoureux ou d'amis nous est acquise et nous suffit? Pour rien. Pour la gratuité d'une rencontre qui n'aura probablement pas de lendemain mais qui aura ajouté de l'humanité à notre journée. Il me semble que c'est la définition la plus fondamentale du dialogue. Une rencontre à l'occasion de laquelle on signifie à l'autre qu'on le considère, qu'on tient compte de son existence, que d'une certaine manière sa joie d'être là nous importe et qu'on espère peut-être pouvoir y participer. Tout comme on espère sans doute secrètement que sa découverte participera à la nôtre.

Il y a donc au cœur du dialogue une véritable curiosité, au double sens d'une excitation à l'idée de découvrir une autre vie, une autre histoire que les nôtres, et d'un souci de l'autre; car le mot « curiosité » contient « cure », le soin. Être curieux, c'est donc aussi prendre soin du monde, être attentif et attentionné à son égard. Bref, ne pas y être indifférent. Ainsi faut-il, pour entrer en dialogue, ne pas se contenter de soi-même et de ses proches, et se sentir concerné par l'existence de l'autre.

Or on sait que cette curiosité, cette disposition à se risquer dans la rencontre quotidienne sont mises à mal à l'ère du numérique. Qui pénètre dans un bus, un métro, un train les mains vides sait qu'il fera face à un drôle de tableau: une collection de personnes tête baissée, rivées à un petit écran. Rares sont celles qu'on verra plutôt absorbées par un livre. Et plus rares encore celles que rien n'occupe, pas même une musique infiltrée dans les oreilles. La plupart du temps d'ailleurs, ces personnes-là sont âgées. Le smartphone et sa cohorte d'applications n'est pas devenu une habitude. Son usage les fatigue même souvent plus qu'il ne les divertit. Ce qui ne veut pas dire que leur attention ne soit captée par rien. Les publicités surgissant un peu partout dans notre environnement s'en chargent.

En réalité, nous sommes de plus en plus nombreux à nous sentir privés par notre téléphone ou notre ordinateur de nos ressources attentionnelles. Cette question de savoir à quoi l'on se rend attentif, mais aussi de notre capacité à être attentionnés – ne serait-ce que par le souci de la place que l'on prend dans l'espace public[1] – est au cœur d'un enjeu largement documenté depuis une quinzaine d'années, à savoir l'économie de l'attention[2]. Je voudrais m'y attarder ici car il faut regarder de près ce que nos technologies de la communication font à nos relations, et notamment si et comment elles nous rendent indisponibles au dialogue. Voire carrément indisposés.

Une anecdote personnelle me semble pouvoir illus-

---

1. Je pense ici à cette étonnante pratique qui veut que certains regardent leurs contenus Instagram ou TikTok sans écouteurs, les imposant par conséquent à leurs éphémères compagnons de voyage.

2. L'idée a été émise, pour la première fois, dès 1971 par le sociologue et économiste Herbert Simon, pour interpeller sur le fait que, dans un contexte de surabondance informationnelle, l'attention devient une ressource rare.

trer la manière dont nos smartphones, tablettes ou ordinateurs nous occupent tant et si bien que nous nous préoccupons moins des personnes qui nous environnent. Je ne reviens pas sur les raisons pour lesquelles nous préférons scroller plutôt que de nous laisser aller à un éventuel dialogue intérieur, mais il se trouve que lorsque, pour une raison ou une autre, nous sommes privés de nos téléphones nous nous livrons plus volontiers au dialogue avec l'autre. C'est ce qui m'est arrivé alors que j'étais dans un train (le lecteur aura compris que je m'y trouve souvent). Une jeune fille prend place à côté de moi. J'ai sorti un livre, mon téléphone et mon ordinateur. Sans doute du fait d'une certaine fatigue, aucune des trois occupations ne me tente. Après une demi-heure de voyage, je constate que ma jeune voisine n'a pas sorti de téléphone portable. Elle non plus ne fait rien. Cela m'étonne, tous les jeunes de son âge y sont constamment plongés. Je décide d'engager la conversation en partageant avec elle mon étonnement. Se noue alors un dialogue bouleversant, au cours duquel cette toute jeune femme se confie sur son parcours, ses problèmes familiaux, ses espoirs.

Si nous avions été toutes les deux prises par les réseaux sociaux, nous serions passées à côté de la sociabilité immédiate qui s'offrait à nous. Elle aurait sans doute trouvé plus intéressant de parler à ses amis sur Snapchat et moi de liker des posts sur LinkedIn. Notre attention aurait été captée par autre chose que la présence d'autrui. Je constate d'ailleurs que, même dans les situations où la présence de l'autre est supposée retenir toute notre attention, le téléphone nous en distrait. Combien sont posés sur la table, à portée de main, pendant un déjeuner ? Par politesse, par considération pour l'autre donc, le mien à ces occasions est toujours rangé. C'est une manière de dire qu'à ce moment précis je n'ai rien de plus intéressant à faire que de vivre la rencontre. Et que, quand bien même cette rencontre m'ennuierait, je vis aussi pleinement cet ennui.

Le recul du dialogue, la « monologisation croissante » de nos comportements, pour reprendre la formule de Hans Gadamer pour signifier que tous nos comportements relèvent davantage du monologue que du dialogue, peut donc s'expliquer en partie par le fait que notre attention est constamment dédiée à des connexions, qui créent des effets de relations mais qui n'en sont pas les équivalents. Cette distinction subtile entre interaction et relation a été fortement expérimentée à l'occasion des confinements imposés par la pandémie du Covid-19. De nombreux clients me demandaient d'éclairer ce que la distance faisait aux relations de travail et au sentiment d'être un collectif. Nous avions les moyens de continuer à nous parler, et pourtant quelque chose inquiétait dans cette communication sans chair. Nous appréhendions de moins bien nous relier. Cette situation inédite portait en tout cas à son paroxysme la digitalisation de nos liens déjà à l'œuvre dans toutes nos applications numériques. Elle m'a conduite à interroger la place du corps dans le dialogue. Une digitalisation totale de nos liens signerait-elle la disparition du Nous ?

Les philosophes sont bien placés pour savoir ce que la distance fait aux choses : elle les transforme en abstractions. Il est, de fait, largement démontré aujourd'hui que la mise à distance physique encourage une mise à distance symbolique. Les travaux en psychologie sociale de Nick Haslam, mais aussi de Jacques-Philippe Leyens, décrivent bien notre réaction face à des événements similaires plus ou moins éloignés : nous prêtons à ceux qui sont plus proches de nous géographiquement et/ou socialement une plus grande humanité. À l'inverse, plus une personne est éloignée de nous, moins nous nous identifions à elle. La distance crée ce que Leyens appelle une infra-humanisation : l'humanité d'autrui m'apparaît proportionnellement à sa proximité géographique et sociale.

Il faut néanmoins vérifier si et pourquoi nous avons vraiment besoin de la *présence* pour être en relation. Sur ce point, la réflexion du philosophe Edmund Husserl est incontournable[1]. Husserl nous dit que

1. Fondateur de la phénoménologie, Husserl entend comprendre comment le monde apparaît à la conscience humaine et prône un « retour aux choses mêmes ». Le grand principe directeur de cette philosophie de la perception pourrait se résumer ainsi : toute conscience est conscience *de* quelque chose (la conscience est toujours percevante, visée du monde), et tout objet du monde n'existe que perçu par une conscience, au sens où c'est moi, en le percevant, qui constitue l'objet perçu. Sans conscience, le

l'intersubjectivité, la relation interpersonnelle commence par l'intercorporéité, le face-à-face avec un autre corps. Le relief d'un corps et la possibilité de le toucher constituent, selon lui, l'expérience d'une présence qui fait qu'il y a non seulement un monde pour *moi*, mais qu'il y a un monde *commun*. L'intercorporéité est la possibilité d'appartenance à un monde commun. Il suffit d'entendre littéralement le mot « contact » pour le comprendre. Contact signifie avec (*cum* en latin) tact[1], et le tact, c'est le tactile, donc le toucher. À proprement parler, être en contact, c'est donc être touchable. Or c'est par le corps qu'on peut toucher et être touché au sens propre.

Seule la présence en chair de l'autre m'assure donc que nous avons bien un monde en commun. Imaginez passer le reste de votre vie absolument seul, en l'absence totale d'autres corps que le vôtre. Non seulement vous perdriez petit à petit la sensation de vivre dans le *même* monde que les autres, mais vous finiriez même par vous demander si ce que vous vivez est réel, car c'est la présence de l'autre qui distingue le réel du virtuel. L'autre conséquence de cet évanouissement des corps est que celui qui ne vit plus le groupe, et

---

monde n'est qu'un vaste « il y a » indéterminé, nous dit Husserl. Autrement dit, sans monde à percevoir, pas de conscience, et sans conscience, pas de monde (au sens de cet agencement d'êtres et de choses dans lequel nous évoluons).

1. Ce n'est pas pour rien que le tact renvoie aussi à l'idée de délicatesse. Le toucher est le sens qui nous met en rapport avec la fragilité du corps, la vulnérabilité de la vie. On pourrait développer ce qu'il contient d'éthique.

doit donc s'épuiser à l'imaginer, peut en venir quasi mécaniquement à se déresponsabiliser. Puisque l'autre s'absente, par son corps, de mon rapport au monde, je n'ai plus sérieusement à répondre de mon action *devant* lui. Le face-à-face à proprement parler n'a plus lieu (et, contrairement à ce que son nom indique, le « *face time* » n'a pas l'effet d'une rencontre en chair et en os).

Le phénomène est frappant sur les réseaux sociaux, où l'on peine à trouver du dialogue mais où les interactions virulentes sont légion. La part du dialogue y est même si pauvre qu'on peut se demander s'il entre vraiment dans la vocation des réseaux sociaux d'être des espaces de dialogue, alors même que beaucoup défendent leur vertu démocratique parce qu'ils donnent voix à ceux qui le souhaitent et sur ce qu'ils souhaitent. Mais, s'ils tiennent leur promesse de décupler une certaine communication (chaque personne peut communiquer simultanément et horizontalement avec des millions d'autres), leur conception même semble, en réalité, empêcher tout véritable dialogue de se tenir. De nombreux travaux spécialisés éclairent pourquoi et les raisons sont diverses, mais deux retiennent en particulier mon intérêt.

La première raison, mise en lumière par l'anthropologie, est que les réseaux sociaux induisent, par nature si je puis dire, certains comportements, l'un d'eux étant le grégarisme. Phénomène naturel reconnu comme le premier de cinq degrés de socialité dans l'évolution des espèces animales[1], le grégarisme pousse les individus à se regrouper par espèce à la transmission d'un signal. Le survol en nuée de certains oiseaux (dit *murmuration*, en anglais) illustre élégamment ce phénomène. S'il revêt, pour l'observateur, l'apparence d'un ballet aérien parfaitement synchronisé, il s'agit plutôt du mouvement non dirigé de milliers d'individus indépendants, chacun ne réagissant qu'au contact de ses voisins les plus proches, sans prendre conscience qu'il participe au mouvement ondulatoire du groupe. Or, certaines études empiriques[2] montrent que les mouvements de l'opinion publique sur les réseaux sociaux sont caractéristiques de ce comportement grégaire. Les avis s'agrègent par mimétisme – des internautes épars sur la planète s'imitent les uns les autres, créant ainsi un mouvement de convergence numérique – pour ensuite fluctuer dans le sens du « troupeau pensant ». Les réseaux sociaux permettent, certes, de faire savoir ce que l'on pense, mais cela ne relève ni du dialogue

1. Dans son livre *Les Sociétés animales – Évolution de la coopération et organisation sociale* (2000), l'éthologue Serge Aron étaye cette stratification en cinq stades : grégarisme, stade subsocial, stade colonial, stade communal et eusocialité. Il conclut que, d'un strict point de vue éthologique (c'est-à-dire d'un point de vue comportemental), les termites, les fourmis ou les abeilles sont des animaux socialement plus évolués que l'homme. La société humaine, affirme-t-il, est beaucoup plus complexe que les sociétés d'insectes mais nettement moins développée.

2. Je me réfère ici notamment à celle parue dans le *Journal of Computer-Mediated Communication* datée de 2022 et intitulée « *Social Media Public Opinion as Flocks in a Murmuration : Conceptualizing and Measuring Opinion Expression on Social Media* ».

ni vraiment de la pensée – puisqu'il semble que, bien souvent, ce que nous tenons pour notre pensée ne soit qu'une opinion massifiée[1].

La seconde raison relève à nouveau de la phénoménologie. De la même manière qu'il est facile d'insulter copieusement un automobiliste depuis sa propre voiture et qu'il suffit souvent (pas toujours) d'en sortir et de faire face à l'autre pour réduire l'emportement, les écrans médiatisent notre rapport à l'autre au point que celui-ci s'ef*face* à nos yeux en tant que personne. Il s'ef*face*, il perd sa face[2], ce visage de chair qui atteste de son humanité et qui nous intime de le traiter dignement. La digitalisation médiatise et virtualise donc. Elle dématérialise la présence de l'autre ou, plus exactement, elle le décorporéise. Car même dans le meilleur des cas, celui d'une visio-conférence,

---

1. Ce dernier risque se vérifie d'autant plus que les personnes qui rédigent des posts engagés confient souvent avoir peur des « *haters* », des internautes ouvertement malveillants. Cette peur, que nous pouvons tous avoir, incite à une retenue, qui confine parfois à l'autocensure. Sous la plume de Tijmen Schep, critique des technologies et spécialiste des questions d'éthique de l'innovation, le phénomène a pris le nom de *social cooling*, traduit par « refroidissement social ». C'est ainsi que, paradoxalement, les réseaux sociaux peuvent pousser à l'hyper conformisme.

2. Cette notion de « face » ou de visage est si importante qu'elle revient dans la réflexion de différents penseurs. Je pense au philosophe Emmanuel Levinas, mais aussi au sociologue Erwin Goffman, qui utilise la métaphore théâtrale pour expliquer la dynamique des relations humaines. Dans son ouvrage *Les Rites d'interaction* (1974), il explique que, au cours de nos contacts avec les autres, nous respectons la plupart du temps inconsciemment une règle fondamentale qui consiste à « préserver sa face » et celle de ses interlocuteurs. Goffman affirme que c'est la condition de possibilité de toute interaction et que ne pas s'engager dans le face-à-face, c'est nier le principe même de l'interaction, et donc nier l'autre.

je ne suis plus qu'un être en 2D, autrement dit un être amputé de sa troisième dimension qu'est la densité d'un corps. Or, Husserl nous aide à comprendre que perdre le champ de profondeur d'un corps, ça n'est pas seulement perdre un champ physique, mais aussi un champ existentiel, et même perdre *en* champ existentiel. Je ne peux pas dialoguer sur Facebook, LinkedIn ou Instagram parce qu'Autrui s'y présente sans corps et perd donc sinon en réalité du moins en humanité.

Ce raisonnement devrait me conduire à conclure qu'un dialogue écrit, ce qu'on appelle une correspondance, n'est pas possible. Que seule l'oralité convient au dialogue. Le fait est que l'écrit permet d'élaborer *ma* pensée, mais non une pensée qui ne soit ni la mienne, ni celle de l'autre ; une pensée à la fois tierce et commune. C'est pourquoi se répondre par commentaires interposés sur les réseaux sociaux n'a ni la valeur ni la vertu d'un dialogue. Dans l'expérience d'un dialogue, l'accoucheur est le dialogue lui-même. D'où la confiance qu'on peut lui faire. Il sortira toujours quelque chose d'un dialogue parce qu'il est la mise au monde même de la pensée. L'écrit rend, par ailleurs, plus rhétorique et moins hasardeux. Le dialogue, lui, cherche et trouve les mots par intuition, par musicalité et parfois par audace, dans le souffle que nous donne la rencontre.

L'écrit entérine donc une forme de distance et il semble que celle-ci nuise inévitablement à la relation, et par extension à la possibilité du dialogue. Mais on pourrait assez aisément démontrer que ce n'est pas la distance en soi qui pose problème. Il suffit d'avoir à l'esprit toutes les occasions où elle prouve ses vertus pour s'en convaincre. En amour, elle entretient un désir nécessaire et respecte la subjectivité de chacun des partenaires (sinon c'est la fusion). Dans l'exercice de ses fonctions, la capacité à « prendre de la distance » est une ressource non négligeable. Dans ses relations en général, savoir observer une certaine distance peut être une marque de respect. On peut, enfin, dire d'une personne qu'elle a été très « présente » pour nous alors que nous sommes géographiquement séparé d'elle.

Autant de situations qui portent à conclure que la distance – dont nous rappelons qu'elle est inhérente au réseau social numérique – n'affecte la possibilité du dialogue que si nous pensions qu'il suffisait d'être co-présent pour être en relation. À défaut d'une présence, une proximité reste possible. Je disais plus haut que la distance ne nuit à l'être ensemble que si elle est synonyme d'indifférence. Tout l'enjeu pourrait donc être de considérer cette notion de proximité. Or, qu'est-ce qu'être proches sinon se sentir reliés, et donc faire l'expérience d'une attention réciproque ? Non pas au sens d'une affinité particulière, mais d'abord d'une considération. La considération, c'est le contraire de ce que les philosophes appellent la réification, mot savant pour désigner le fait de traiter les autres comme des choses. Je pense ici au philosophe autrichien Martin Buber, qui, au lendemain de la Première Guerre mondiale, concluait que l'être humain se rapporte au monde selon deux attitudes fondamentales, qu'il a résumées ainsi : Je-Tu et Je-Cela[1]. Dans le principe du « Je-Tu », nous sommes en relation avec un autre « Je », une autre conscience. Dans le principe du « Je-Cela », nous nous rapportons au monde des objets, que nous pouvons utiliser comme autant de moyens d'arriver à nos fins.

Ce que viennent nous rappeler ces notions d'attention et de considération, c'est qu'il peut nous arriver de traiter un *Tu*, une personne, comme un *Cela*, comme une chose. Et qu'en ce sens ce qui nous empêche d'être reliés, ce n'est pas tant la distance physique que l'absence d'attention(s). L'autre peut bien se trouver présent à mes côtés, si j'entretiens avec lui ou elle un rapport instrumentalisant, nous ne sommes pas à proprement parler *ensemble*. La distance augmente le risque de nous faire basculer dans un rapport de type « Je-Cela » avec les autres parce que leurs corps de chair et d'os ne sont plus là pour nous rappeler qu'ils ne sont pas des choses.

L'enjeu donc, à l'ère des réseaux sociaux et du distanciel, est de veiller à former constamment une communauté d'attentions. Or, je l'ai dit, notre attention est une ressource rare, qui fait l'objet d'une

1. M. Buber, *Je et Tu* (1923).

marchandisation féroce. C'est pourquoi le philosophe Yves Citton, qui a contribué à introduire en France la notion d'« économie de l'attention », milite pour que nous développions une *écologie* de l'attention. Il rappelle que la crise de l'attention n'est pas un phénomène nouveau (on en trouve déjà des manifestations à la Renaissance), mais que l'essor du capitalisme a constitué une vraie rupture. Ainsi la gratuité de nos applications numériques n'est qu'apparente. Car nous les rémunérons en fait par et de notre attention.

L'étymologie du latin *attendere* nous rappelle que l'attention consiste à « tendre son esprit vers » une chose ou un être qui nous est extérieur. L'attention est une sortie de soi, une désappropriation, donc par définition une aliénation. C'est ce qui fait la beauté des expériences esthétiques. Je suis saisi par un roman, une musique, un film, et donc je suis partiellement dessaisi de ma subjectivité. Pourtant, je m'en trouve nourri, augmenté, changé. D'une certaine manière, je me constitue comme sujet en m'aliénant dans un objet. Notre rapport au monde étant de part en part un mouvement d'attention, le désir d'une existence non aliénée apparaît comme une négation de notre humanité même. Tout l'enjeu, nous dit Citton, est de choisir l'objet digne de son aliénation. Certaines choses captent notre attention par ce qu'il appelle des effets de saillances, provoquant une participation forcée, passive et peu enrichissante, quand d'autres, au contraire, nous demandent d'élaborer activement un rapport d'attention à elles et, par-là, nous transforment plus profondément. Il est évident, par exemple, que la lecture d'un livre ne me laisse jamais le sentiment de vide, de dépossession de moi-même et de mon temps que provoque une demi-heure passée à faire défiler des contenus Instagram.

Cet éclairage m'a aidé à comprendre ce qui m'avait attristée lorsqu'un stagiaire d'une formation que je donnais sur l'éthique a préféré faire les exercices proposés avec ChatGPT plutôt qu'avec l'un de ses collègues. Entre deux interactions possibles, cet homme avait choisi celle qui lui faisait faire l'économie de l'humain. Son choix, qui est celui de millions d'autres aujourd'hui, dit quelque chose de déterminant sur notre époque. ChatGPT fait partie de ce qu'on appelle les « agents conversationnels », parfois aussi appelés « dialogueurs ». Du point de vue de la conception du dialogue que je développe, cette dernière appellation est un abus de langage puisqu'il ne suffit pas d'être une entité parlante pour occasionner un dialogue. Il faut être capable de penser, c'est-à-dire être soucieux du sens de ce qui est vécu, et donc capable de s'émouvoir et d'imaginer. Cet abus de langage est évidemment voulu par les concepteurs de ces interfaces. Il faut que les utilisateurs puissent finir par croire que parler à un être humain ou parler à ChatGPT se valent. Il faut que l'expérience soit aussi féconde, voire plus. Nous avons beau savoir qu'il s'agit d'une machine, nous avons la sensation de parler à une personne[1], mais une personne sans les aspérités caractéristiques de l'humanité: ChatGPT est toujours disponible, réactif, intéressé par nous et intéressant, poli, non jugeant, jamais décevant parce que révisable à discrétion[2]... Toutes qualités qui réconfortent, stimulent et narcissisent.

La demande est telle que près de 500 applications basées sur l'IA générative ont été créées spécifiquement pour le coaching de vie et le suivi psychologique ces dernières années. Parmi d'autres, InTouch propose qu'une IA prénommée Marie appelle quotidiennement votre parent vieillissant et isolé pour lui faire la conversation. Les promesses du vendeur: soutenir la stimulation cognitive, prendre soin du bien-être émotionnel, renforcer les liens familiaux. De nombreux enfants ou aidants ayant fait le choix de cet outil conversationnel expliquent être soulagés d'avoir pu déléguer

---

1. Pour en avoir fait l'expérience, je dois avouer que l'expérience est troublante de vraisemblance. Dans son ouvrage *Parole de machines. Dialoguer avec une IA* (Humensciences, 2023), le philosophe Alexei Grinbaum explique de manière tout à fait passionnante qu'on anthropomorphise par projection les systèmes parlants non humains. « On sait que c'est une machine et, pourtant, c'est la relation qui compte, le "comme si", écrit-il. On projette donc des connaissances, des états d'âme, des émotions, voire de la responsabilité. L'anthropomorphisme est spontané, on ne peut pas l'éviter. Vous allez spontanément faire des projections de dignité sur la machine, tout en sachant que c'est une machine. C'est là qu'il faut faire des distinctions: les machines appartiennent au monde des êtres fonctionnels et non libres. Elles ne peuvent pas être responsables, ce que nous, en revanche, sommes. »

2. Aujourd'hui en tout cas. Certains concepteurs annoncent que les IA vont petit à petit « s'humaniser » et devenir donc capables, par exemple, de se vexer.

ces « tâches ». Mais ne s'agit-il pas plutôt de déléguer nos liens ? Le caractère incontestablement pratique et séduisant de ces technologies ne doit pas nous priver d'un regard techno-critique : si les agents conversationnels nous apparaissent autant comme des *solutions* aujourd'hui, c'est que nos relations sont devenues un *problème*. Un problème que personne ne pose et dont personne ne questionne le caractère problématique. Que nous cherchions autant, dans l'usage d'agents conversationnels comme ChatGPT ou InTouch, à nous soulager de l'épreuve que peuvent constituer nos relations révèle au moins deux choses non exclusives : que nous tolérons moins bien que la relation humaine ne soit pas toujours facile, qu'elle puisse nous coûter quelque chose (de ce point de vue, notre maturité relationnelle et émotionnelle est inquiétante) ; que l'état de nos relations, quelles qu'en soient les raisons, est significativement dégradé.

Or je ne crois évidemment pas que c'est en fuyant le dialogue de personne à personne que nous allons profondément réparer ce qui doit l'être. Bien que des réflexions juridiques et éthiques balbutiantes explorent la possibilité d'octroyer à certaines IA ou certains robots humanoïdes le statut de personne, c'est encore ce statut qui nous distingue des machines et qui fait que le dialogue reste une expérience profondément humaine et humanisante. À ce titre, l'interpellation de Sherry Turkle, anthropologue et psychologue, professeure d'études sociales en science et technologie au Massachusetts Institute of Technology, peut nous maintenir en éveil : « Quand nous parlons à des machines, s'agit-il d'une nouvelle forme de compagnie ou d'un renoncement[1] ? »

1. S. Turkle, *Seuls ensemble – De plus en plus de technologies, de moins en moins de relations humaines*, L'Échappée, 2015.

4

La mise en dialogue de nos enjeux de société

> « Dans l'expérience du dialogue, il se constitue entre autrui et moi un terrain commun, ma pensée et la sienne ne font qu'un seul tissu, mes propos et ceux de mon interlocuteur sont appelés par l'état de la discussion, ils s'insèrent dans une opération commune dont aucun de nous n'est le créateur. Il y a là un être à deux, [...] nous sommes l'un pour l'autre collaborateurs dans une réciprocité parfaite, nos perspectives glissent l'une dans l'autre, nous coexistons à travers un même monde. »
>
> Maurice Merleau-Ponty[1].

Depuis quelque temps, j'ai renoué avec le chant. Je me rends régulièrement en Savoie pour des journées de chant collectif avec des personnes d'âge et d'horizon divers. Aucune n'a le chant pour profession et la plupart d'entre elles sont des inconnues pour moi. Jusqu'à

1. M. Merleau-Ponty, *Phénoménologie de la perception*, Gallimard, 1945, p. 407.

ce que nos voix se mêlent au gré de moments parfois ludiques, souvent émouvants. L'espace d'un instant, tout ce qui nous sépare sûrement et tous mes éventuels préjugés s'effacent pour laisser place à une étonnante expérience d'unité. Un jour, sur la route du retour, je me suis fait la réflexion que le chant collectif est une expérience de communication qui, comme l'empathie, se passe de mots. C'est ce qui le distingue du dialogue. Ils requièrent pourtant des qualités similaires : l'écoute bien sûr, mais une écoute associée au fait de tenir sa parole (son pupitre). Un dialogue ne peut se produire que si, tout en me laissant transformer par la parole de l'autre, je persiste dans la mienne, je tiens ma position d'existence. De même en chant, si je n'écoute pas la voix de l'autre, je ne serai pas en rythme, je chanterai trop haut ou trop bas. Mais, tout en l'écoutant, il me faut tenir ma voix, garder mon pupitre et ne pas être tenté de rejoindre celui de l'autre ou de m'y fondre. Sans quoi non seulement tout le monde se met à chanter la même chose, mais l'harmonie se perd. Le chant collectif nous donne donc à vivre un enseignement essentiel pour dialoguer : il ne peut y avoir d'harmonie sans l'existence de différences. Autrement dit, l'harmonie n'est pas l'uniformisation des voix mais l'articulation de leurs différences pour produire la beauté d'une résonance qu'elles ne pourraient pas produire seules.

Ce même jour, l'âge moyen était autour de la trentaine. L'âge moyen si on exceptait Gérard, jeune retraité approchant ses 70 ans. Il était venu à vélo d'un village voisin avec, sur son porte-bagage, une cagette de bûches pour faire un feu de cheminée et une quiche maison. Gérard avait bien, comme tout le monde, fredonné quelques refrains dans sa vie mais il n'avait jamais vraiment chanté. Et il s'est trouvé là, au milieu de jeunes actifs et d'étudiants qui avaient l'âge de ses filles. Sa présence m'a profondément touchée. Parce que le sort de ceux que j'appelle affectueusement « nos anciens » m'importe.

Or ce monde des anciens commence à la retraite. Et notre société est intraitable avec les retraités, à qui elle semble souvent dire : « vous ne me dites plus rien », comme on peut se dire « ça ne me dit rien » face à quelque chose qui ne nous fait pas envie. « Vous ne me dites plus rien », cela signifie donc je n'ai plus très envie de vous entendre – vous êtes devenus inutiles et donc inintéressants – et je n'ai plus très envie de vous parler. Mais, dans son sens littéral, l'expression signifie aussi tout simplement que les vieux n'auraient plus rien à nous dire.

Cette discrimination liée à l'âge a un nom, l'âgisme. Et de nombreuses personnes, hommes comme femmes, en souffrent. Notamment lorsque la fin de carrière s'amorce. De fait, notre société disqualifie ceux qu'elle considère comme vieux. Ce qui en dit long sur notre rapport au fait même de vieillir. Peut-être cette difficulté existentielle que nous avons à nous confronter au déclin a-t-elle un lien avec le phénomène de fracture générationnelle répété que nous connaissons. Il semble, en effet, que chaque génération soit condamnée à ne pouvoir que difficilement dialoguer avec celles qui la précèdent et celles qui lui succèdent (ceux d'avant sont dépassés et ceux d'après n'ont encore rien compris).

Je dis souvent, lorsque j'anime des ateliers, que l'une des grandes leçons de la philosophie c'est qu'il ne suffit pas de parler la même langue pour se comprendre. Nous partageons des signifiants, mais les signifiés changent, avec les générations, avec les cultures sociales, mais aussi avec les mouvements de l'histoire. Alors que notre société traverse un épisode aigu de polarisation des opinions, cette ambiguïté inhérente au langage se vit plus fort, dans les couples, les repas de famille, entre amis, au travail. Les sujets qui divisent sont nombreux : écologie, genre, immigration, répartition des coûts sociaux, conflits dans le monde, rapports hommes-femmes, fin de vie… Autant d'enjeux qui semblent parfois ne pas pouvoir trouver d'issues sur le seul fondement de la rationalité. Surtout lorsqu'on s'enferme dans une logique de débat – qui implique de défendre coûte que coûte une position – et que l'on s'interdit tout dialogue, qui implique de s'autoriser à questionner sa position à partir de celle de l'autre. Alors qu'on parle parfois indifféremment de débat et de dialogue, ils méritent d'être distingués. Et d'abord parce que le débat – c'est dans le mot – pose l'autre comme un adversaire à battre. Il faut l'emporter, con*vaincre*. Avoir raison tout seul donc. On associe par ailleurs souvent le débat à un échange de joutes oratoires. Il s'agit de « battre la langue », expression qui signifiait jadis parler pour ne rien dire. Le débat relève du spectacle, du jeu, du rapport de forces déguisé, quand le dialogue relève de la quête de sens, de soi et de l'autre. Il est l'ouverture d'esprit en acte.

Nous ne mesurons pas assez à quel point cette ouverture de l'esprit[1] est difficile et nécessaire. Difficile parce que les obstacles sont nombreux. Nécessaire parce que, la chose est entendue depuis Socrate, le dialogue n'est pas seulement la quête du sens, il est aussi une quête du vrai. Le paradoxe et l'ironie veulent que ceux qui revendiquent cette ouverture sont souvent ceux qui en font le moins bien preuve. On redoute les idéologies discriminantes sans voir que l'attachement à nos convictions est susceptible de produire les mêmes effets. À l'heure où le concept de *wokisme*[2] nourrit de nombreux débats – invention pour nuire à certains combats humanistes pour les uns, mouvement idéologique avéré et dominant pour les autres –, nous devons plus que jamais nous montrer attentifs à tout ce qui nous découragerait de mettre nos idées à l'épreuve d'un véritable dialogue.

---

1. Esprit que toutes les traditions ne distinguent pas du cœur comme nous le faisons. Dans la pensée chinoise, notamment, un seul et même caractère – 心 [*xin*] – dit le cœur et l'esprit.

2. Souvent défini comme un courant de pensée qui dénonce toute forme d'injustice et de discrimination subies par les minorités ethniques, sexuelles ou religieuses. Le concept est aussi utilisé par certains pour dénoncer ce qu'ils estiment être une forme d'idéologie de la bien-pensance.

Le premier obstacle, et le plus retors, est l'absence du désir de dialoguer. Pour des raisons psychosociales aujourd'hui bien connues, nous préférons souvent avoir raison plutôt que d'approcher le vrai. À notre époque de remise en cause de la science, de *fake news* et autre post-vérité[1], cette tendance est exacerbée. Si nous tenons à notre vision du monde, ce n'est pas seulement parce que nous la pensons juste, c'est aussi et surtout parce que le sens de notre existence (et toutes nos appartenances y participent) en dépend. Si quelque chose comme une identité existe, elle est faite de nos conceptions et croyances. Il n'est donc pas surprenant qu'il nous semble risqué de céder sur elles. Il n'est pas surprenant non plus que nous les prenions la plupart du temps pour la vérité. Pensant déjà détenir la vérité, il ne nous vient évidemment pas à l'esprit de devoir la chercher. Et encore moins avec ceux qui ne pensent pas comme nous.

Ainsi sommes-nous souvent des aveugles aux pieds d'un éléphant. J'emprunte cette image à une parabole indienne, qui raconte avec simplicité et pertinence comment des aveugles, n'ayant jamais connu d'éléphant, ont la possibilité d'en toucher un et sont invités à le décrire. Celui qui saisit l'oreille dit qu'il ressemble à une feuille de bananier, celui qui saisit

1. Le terme de « post-vérité » désigne une époque historique nouvelle où les faits objectifs auraient perdu leur influence sur l'opinion publique. Dans ce contexte, les politiciens pourraient donc mentir en toute impunité. Certains s'y essaient déjà, avec le succès que l'on sait.

la trompe la prend pour une corde, celui qui saisit le bout de la queue pour un balai, celui qui saisit la patte pour un tronc d'arbre... Chacun a tort et raison à la fois puisqu'il ne perçoit de la réalité qu'une partie, mais une partie tout de même. Cette parabole permet de distinguer réalité et vérité. Si elles sont intimement liées, l'une ne recouvre pas nécessairement l'autre, tant s'en faut. La réalité n'a pas besoin des êtres humains pour exister, elle *est*. La vérité, elle, désigne ce que les êtres humains en disent et en comprennent[1], l'effort qu'ils font pour s'accorder sur ce qui est et celui qu'ils font pour actualiser cet accord.

Cette parabole préfigure une réflexion que développera Friedrich Nietzsche et dont on serait inspiré de retenir un enseignement aujourd'hui. Grande figure du nihilisme, connu pour ses propositions provocantes, Nietzsche a entrepris de désacraliser la morale judéo-chrétienne en établissant sa généalogie, c'est-à-dire en déterminant ses origines physiologiques (il est l'un des rares penseurs à faire une vraie place au corps dans la condition humaine), historiques et psychologiques. Certaines de ses conclusions expliquent notre (in)capacité à mettre en dialogue nos enjeux de société. Selon le philosophe allemand, ce que nous *valorisons* dépend de ce que nous *percevons*. Or ce que nous percevons est déterminé notamment par la position que nous avons dans le monde, par notre *point de*

1. Encore que, dans certains cas, les faits *parlent* d'eux-mêmes.

vue comme on dit (soit du point du monde à partir duquel on voit). Ce que nous revendiquons comme des valeurs universelles indiscutables ne sont donc que des perspectives, des évaluations personnelles. Dit autrement, une valeur n'est qu'une entreprise de valorisation subjective de la réalité. L'histoire de la philosophie appelle cela le perspectivisme. Le réel, et *a fortiori* le vrai, n'apparaît donc qu'au croisement de nos perspectives.

Mais nos valeurs ont une autre source : la morale. Or voilà ce qu'en dit Nietzsche : « Partout où nous rencontrons une morale, nous rencontrons une évaluation et une hiérarchie des actions et des instincts humains [qui] sont toujours l'expression des besoins d'une communauté ou d'un troupeau. [...] La moralité, c'est l'instinct du troupeau dans l'individu[1]. » Comprendre : la morale est une production sociale que nous adoptons pour ne pas être exclus du groupe. S'autoriser à questionner son fondement et la manière dont elle influence notre appréhension du monde nous fait prendre un risque pour notre survie. Notre philosophe va même, par endroits dans son œuvre, beaucoup plus loin en affirmant que la morale s'enracine dans une négation de la vie et dans le ressentiment qu'éprouvent les personnes prisonnières de leur faiblesse face à celles qui sont au contact de la puissance désirante et créatrice de la vie. Bref, la morale n'est pas l'arme

1. F. Nietzsche, *Le Gai Savoir*, § 116.

des forts pour discipliner les faibles, c'est au contraire l'ultime ruse des faibles pour dompter les puissants. La morale, en somme, c'est ce que les masses ont inventé pour se protéger de leurs maîtres. C'est sur fond de ces considérations que Nietzsche peut écrire tranquillement, dans l'une des formules aiguisées dont il a le secret (ou la *punchline* avant l'heure) : « Il faut détruire la morale pour libérer la vie[1]. »

On peut évidemment reprocher à Nietzsche sa vision réductrice de la morale et lui opposer que celle-ci est aussi une traduction sociale de l'éthique, qui n'est pas la moindre des marques de notre humanité. « Un homme, ça s'empêche[2] », écrivait magistralement Albert Camus. Oui, la morale est un régulateur social. Oui, elle consiste à contrarier nos instincts et nos pulsions en érigeant des limites pour que la vie en société soit soutenable. N'en déplaise à Nietzsche, intégrer la nécessité de la limite[3] est l'une des conditions pour passer de l'enfance à la maturité. Refuser toute morale au prétexte qu'elle consiste à manipuler et contraindre, c'est vouloir une société d'enfants-rois et donc, en dernière instance, ne pas vouloir de société du tout.

Cela dit, il me semble que l'interpellation de Nietzsche a le mérite de nous montrer la profonde

1. *La Volonté de puissance*, tome I, livre I, § 299.
2. A. Camus, *Le Premier Homme*, Gallimard (1994), p. 66.
3. Je reviendrai sur cette question capitale de la limite dans le chapitre 6 consacré à la violence.

ambivalence de la morale. En tant qu'elle nous invite à la retenue, à la considération de l'autre et de la vulnérabilité inhérente à la vie, elle est une condition de possibilité du dialogue sur notre manière de faire société. Mais elle peut aussi se retourner en son contraire et contribuer à interdire tout dialogue. Elle peut être en effet si forte qu'elle confisque tout dialogue en imposant ce qui peut être discuté et ce qui n'a pas à l'être, qu'elle décrète qui sont les bons et les méchants en refusant de regarder les inévitables contradictions de chacun et la complexité de nos motivations[1]. Les débats télévisés ou les réseaux sociaux, qui ne sont pas à proprement parler des espaces de dialogue mais de véritables chambres d'enregistrement du climat social, montrent que cet écueil est réel. Je pense ici à ce jeune militant écologiste qui confiait un jour sur sa page LinkedIn son impuissance, son sentiment d'insécurité et d'injustice face aux violences des dealers en bas de sa résidence (agressions d'habitants, menaces, voitures brûlées...). Son propos était factuel et sans vindicte. Mais il s'est vu aussitôt reprocher par certains de faire le lit du narratif de l'extrême droite, de se méprendre sur les causes et les symptômes, de s'en prendre aux mauvaises personnes (la délinquance est un moyen d'exister dans un monde où les ultra-

1. Certains mots, une fois prononcés, suffisent à condamner la porte du dialogue. « Woke », ou son prétendu contraire, « fasciste », en sont un bon exemple. Ils disqualifient d'emblée ceux qu'ils visent et déconsidèrent tout dialogue.

riches captent toute l'économie, pouvait-on lire en commentaires). Il était donc immoral de sa part de dénoncer ceux que certains avaient décrété être des victimes de notre histoire et de notre système social.

Pour que la morale ne constitue pas un obstacle au dialogue sociétal, il faut donc que tout un chacun puisse exercer son esprit critique, y compris à l'endroit de lui-même. La posture socratique nous y aiderait beaucoup sous deux aspects. D'abord, celui de considérer comme une *opinion* égale aux autres toute pensée qui n'est pas véritablement examinée, fondée après avoir été mise à l'épreuve de la réfutation. Ensuite, celui de prendre au sérieux les propos de ses interlocuteurs, c'est-à-dire, non pas de les accepter comme tels, mais de ne pas les disqualifier d'emblée. À plusieurs reprises, dans lesdits dialogues rapportés par Platon, nous voyons Socrate prendre ses interlocuteurs au mot jusqu'à leurs plaisanteries et questionner ce qu'elles disent ou non de pertinent.

Évitons tout malentendu quant à cette attitude. Socrate ne dit pas : puisque chacun a *ses* raisons de penser ce qu'il pense, chacun *a* raison à sa façon, ou selon son référentiel. Non, Socrate dit : ce n'est pas parce que chacun a ses raisons de penser ce qu'il pense que ce sont de *bonnes* raisons, mais tant que nous n'avons pas vraiment considéré pourquoi nous pensons ce que nous pensons, nous ne pouvons pas nous assurer que cela est bien fondé, sensé, adéquat au réel, et donc vrai. Prendre au sérieux tout ce qui est dit, ce n'est donc pas lui donner d'emblée et par principe de la valeur. C'est ne pas le dévaloriser tant que nous ne l'avons pas sérieusement pensé, c'est-à-dire examiné, soumis à la réfutation, débarrassé des erreurs, des illusions ou de la mauvaise foi.

Ce détour par Socrate, sa disposition à suspendre son jugement et questionner ce qui est dit tant que sa validité n'est pas démontrée, nous fait revenir différemment à Nietzsche. Car si l'on peut garder de lui l'idée que chaque personne est un sujet d'évaluation ainsi que sa vigilance quant aux prétentions de la morale, on ne peut renoncer à l'idée de vérité (ce que lui-même d'ailleurs ne parvient pas vraiment à faire) sous peine de sombrer dans différentes formes de folies (ce à quoi lui-même n'a pas échappé). Or la seule façon de tenir à la vérité tout en assumant n'être soi-même qu'une perspective sur le monde, c'est de concevoir la vérité comme le fruit de notre accord sur le réel. Ce qui fait de la vérité une propriété non pas tant du réel que du discours. Une idée qu'on trouve déjà chez un philosophe comme Thomas Hobbes : « Vrai et faux sont des attributs de la parole, et non des choses. Là où il n'est point de parole, il n'y a ni vérité ni fausseté[1]. » Le dialogue devient donc d'autant plus essentiel qu'il n'est pas ce qui mène à la vérité

1. T. Hobbes, *Léviathan* (1651), trad. F. Tricaud, Sirey, 1971, p. 31-32. Philosophe anglais du XVIIIe siècle, Hobbes est l'un des premiers grands penseurs de la réalité politique et le premier théoricien de l'État représentatif.

mais ce par quoi la vérité advient. Autrement dit, la vérité n'existe pas en un lieu auquel le dialogue permettrait d'accéder. Le dialogue *est* le lieu même de la vérité. Ce qui signifie que tout refus de dialoguer est un refus de vérité.

Il nous faut donc comprendre pourquoi et comment on peut ne pas vouloir le vrai. La question est cruciale quand on sait la gravité de certains enjeux contemporains et les impasses dans lesquelles nous nous trouvons – défis écologiques et conflits géopolitiques en tête. La réponse est à mi-chemin entre la philosophie et la psychanalyse. Sigmund Freud, son représentant le plus connu, nous dit d'ailleurs : « Les foules n'ont jamais connu la soif de la vérité. Elles réclament des illusions auxquelles elles ne peuvent renoncer[1]. » L'existence des illusions dans l'esprit humain et notre attachement à elles ont été appréhendés bien avant la psychanalyse par de nombreuses spiritualités. Mais, alors que celles-ci posent comme souhaitable et possible la dissolution de ces illusions, la psychanalyse postule leur nécessité. Il ne me revient pas de trancher cette question. Mon intérêt quant à l'enjeu du dialogue se porte plutôt sur les manifestations et les conséquences de ce refus du vrai. Parmi ses partisans, on peut identifier, à gros traits, deux catégories de personnes (à chacun de s'y reconnaître ou non) : celles qui pensent que le vrai n'existe pas,

1. S. Freud, *Psychologie collective et analyse du moi*, Payot, 1982, p. 136.

qu'il n'est qu'une construction, un récit, une fictionnalisation du réel à laquelle on croit. Et celles qui pensent que le vrai existe mais qui en ont si peur qu'elles s'arrangent pour ne pas avoir à s'y confronter.

D'une position à l'autre, on trouvera notamment les tenants des théories dites du complot, des *fake news* et autre post-vérité[1]. Mais aussi ceux qui pensent que le vrai existe mais ont des intérêts à créer de la confusion et à semer le doute. Leurs pratiques les plus répandues – et ce par tout bord politique – sont de créer un haut degré de complication sur les sujets pour maintenir leur environnement dans un faible état de compréhension et donc de mobilisation[2]; de dénoncer l'instrumentalisation ou la manipulation de certains faits et certaines données. À l'heure où j'écris ces lignes, le cas de la loi Duplomb[3] est emblématique de ces « jeux » sur les contours du vrai. Ses opposants dénoncent une manipulation des données scientifiques sur les pesticides réhabilités par le texte; ses partisans

1. Terme forgé par Steve Tesich dans un article paru en 1992 dans le magazine américain *The Nation* et démocratisé en 2004 par le livre *L'Ère de la post-vérité* de Ralph Keyes. Le dictionnaire Oxford en donne la définition suivante: « Circonstances dans lesquelles les faits objectifs ont moins d'influence pour modeler l'opinion publique que les appels à l'émotion et aux opinions personnelles. »

2. Une pratique qu'on trouve également dans les organisations.

3. Adoptée le 8 juillet 2025, la loi visant à « *lever les contraintes à l'exercice du métier d'agriculteur* » comprend notamment une mesure décriée de réintroduction sous conditions d'un pesticide néonicotinoïde, l'acétamipride, jugé dangereux pour l'environnement et la santé publique. Elle prévoit également le relèvement des seuils d'autorisation environnementale pour les bâtiments d'élevage ainsi que la facilitation des constructions relatives au stockage de l'eau.

dénoncent une instrumentalisation politique de la pétition citoyenne qui a suivi son adoption.

Dans l'un et l'autre cas, les citoyens que nous sommes sont condamnés à soupçonner le vrai de ne pas l'être. Et ce malgré la multiplication et l'accessibilité des sources d'informations. Dialoguer devient d'autant plus difficile que le savoir mobilisé peut à tout moment être ramené au statut de croyance ou d'illusion. Pour le philosophe Jean-François Lyotard, cette crise du rapport au savoir et des grands récits idéologiques et scientifiques, fondant la légitimation des institutions, caractérise la condition postmoderne[1]. Le régime de la post-vérité, porté par la numérisation de l'information et par la communication propre aux réseaux sociaux, n'est pas seulement emblématique de cette condition postmoderne. Il nous fait franchir un pas supplémentaire dans l'incrédulité, car celle-ci ne touche plus uniquement les grands récits et les institutions de savoir et de pouvoir, mais l'existence même d'une vérité ou de faits attestables. Les expressions de « faits alternatifs » ou de « vérité ressentie », popularisées à la suite des élections de Donald Trump ou encore de Jair Bolsonaro, vont plus loin qu'une contestation de l'interprétation officielle d'un événement : c'est l'événement lui-même qui peut être nié ou inventé, selon la valeur émotionnelle qui y sera

1. J.-F. Lyotard, *La Condition postmoderne : rapport sur le savoir*, Éditions de Minuit, 1979.

associée, et sans que l'idée de vérité puisse y jouer le rôle d'un idéal régulateur.

Dialoguer devient donc inutile puisque ce qui compte n'est pas de dire le vrai, mais le pouvoir narratif et fictionnel de ce qui est raconté. Le récit remplace le dialogue. *Fake news* comme théories du complot[1] tirent leur force de conviction de leur enchâssement dans une fictionnalisation, ou tout du moins une narrativisation du discours politique – dans laquelle le contenu importe peu, tant que le récit assure un effet de séduction, voire de fascination. Dans une société où les affects font office de preuves d'authenticité et de sincérité[2], la charge affective du récit parvient à lui conférer le statut de vérité, à partir du moment où cette vérité est définie comme vérité ressentie, comme « sentiment de vérité ».

Au fond, la philosophie et la psychanalyse nous aident à comprendre que nous avons peur du vrai parce que nous cherchons d'abord à nous protéger du

---

1. Pour une compréhension plus poussée des ressorts de ces deux refus du vrai, je renvoie aux passionnants travaux des chercheuses et cliniciennes Sarah Troubé et Tamara Guénoun, et notamment leur article « Post-vérité, complots, fake news : d'une fictionnalisation de la vérité au mythe de la facticité », dans *Cahier de psychologie clinique*, n° 55 (août 2020). Elles expliquent notamment que les théories du complot ont des traits communs avec les constructions délirantes de la paranoïa – fermeture à toute dialectisation, exclusion de la contingence, argumentation systématisée. Dans cet illimité de la jouissance et du pouvoir de duperie du comploteur, elles décèlent non pas une relativisation de la vérité mais, au contraire, le mythe d'une vérité absolutisée, à l'état brut et non médiatisée, incarnée par cette figure sans limites.

2. Ph. De Georges, *Par-delà le vrai et le faux. Vérité, réalité et réel en psychanalyse*, Éditions Michèle, 2013.

réel, de son effraction en nous. Si nous passons notre temps à mettre en scène et en récit, à fantasmer et nous illusionner, c'est pour nous défendre de la violence d'une vérité désymbolisée. « Toute vérité n'est pas bonne à dire », souffle l'adage populaire. Adage que reprend Vladimir Jankélévitch, qui nous éclaire encore : « Toute vérité n'est pas bonne à dire ; on ne répond pas à toutes les questions, du moins on ne dit pas n'importe quoi à n'importe qui ; il y a des vérités qu'il faut manier avec des précautions infinies, à travers toutes sortes d'euphémismes et d'astucieuses périphrases ; l'esprit ne se pose sur elles qu'en décrivant de grands cercles, comme un oiseau. Mais cela est encore peu dire : il y a un temps pour chaque vérité, une loi d'opportunité qui est au principe même de l'initiation ; avant il est trop tôt, après il est trop tard. [...] Ce n'est pas tout de dire la vérité, "toute la vérité", n'importe quand, comme une brute : l'articulation de la vérité veut être graduée ; on l'administre comme un élixir puissant et qui peut être mortel, en augmentant la dose chaque jour, pour laisser à l'esprit le temps de s'habituer[1]. »

Il faut donc, pour dialoguer, prendre à la fois d'infinies précautions et affronter la violence inhérente au réel. Ou plutôt, prendre d'infinies précautions *pour* pouvoir affronter la violence inhérente au réel. Car il ne s'agit pas de nous ménager dans notre rapport

1. V. Jankélévitch, *L'Ironie*, Flammarion, 1964, p. 53-54.

au vrai au point de nous laisser nous en passer ou, à l'inverse, de nous laisser croire que nous sommes seuls à détenir la vérité. Ce n'est pas moi qui détiens la vérité, mais la vérité qui nous tient l'autre et moi ensemble, puisqu'elle réside dans la lutte sincère et commune contre ce qui entrave la compréhension. Voilà pourquoi le dialogue est littéralement une façon vitale de s'entre-tenir. Il est une façon de (se) tenir ensemble dans le *même* monde.

5

Impossible dialogue (géo)politique ?

> « Le dialogue n'est pas la politique, mais il est politique, au sens le plus fort : il est la voie de la pensée qui crée la politique dans le monde qui se prétend raisonnable et veut donc l'être. »
>
> Éric Weil[1].

Je me souviens combien, enfant, le conflit israélo-palestinien me préoccupait et représentait une énigme. « Comment une guerre peut-elle durer si longtemps[2] ? », me demandais-je. Comment peut-on ne pas être fatigué de (se) faire tant de mal et ne pas revenir à la parole ? Comment ne pas chercher sinon la réconciliation, du moins la compréhension mutuelle ? En réalité, je crois qu'une question plus profonde m'animait : comment une guerre peut-elle simplement avoir lieu ? L'angoisse fondamentale de la mort, mais aussi le désespoir provoqué par l'injustice

1. É. Weil, « Vertu du dialogue », in *Philosophie politique* (2003), section « Philosophie et réalité », p. 295.

2. Près de quatre-vingts ans si l'on date le début du conflit à 1947, année de la création de l'État d'Israël, mais certains le font remonter au début du XXe siècle.

frappant tous les camps me bouleversaient. Plus tard, c'est un sentiment d'impuissance qui s'est imposé. Et avant même de parler d'une impuissance à agir, je parle d'une impuissance à comprendre. La complexité de ce conflit me rendait et me rend encore souvent incapable d'en dire quoi que ce soit d'autre que : il faut que la mort cesse *de part et d'autre*.

Ce n'est pas faute d'avoir essayé d'appréhender cette complexité à l'appui de lectures sérieuses et exigeantes[1]. Mais lorsque le 7 mai 2025 la rabbine Delphine Horvilleur publie une tribune appelant le peuple juif à un sursaut moral devant les dérives du gouvernement israélien et que, face à elle, d'autres intellectuels juifs défendent une guerre juste compte tenu de l'histoire du peuple juif et des menaces de l'axe de la résistance islamique[2], je me prends à penser que, tout en étant antagonistes, ils ont *de part et d'autre* tragiquement raison.

Le conflit israélo-palestinien et la guerre en Ukraine nous préoccupent particulièrement en tant qu'Européens, mais le monde entier est en proie à

1. Les travaux de Gilles Kepel et Denis Charbit, pour ne citer qu'eux, me semblent incontournables en la matière.

2. La République islamique, fondée par l'ayatollah Ruhollah Khomeyni en Iran, s'est donné pour mission de diffuser son idéologie théocratique révolutionnaire (qui prône la suprématie du religieux sur le politique) et d'éradiquer le « *cancer* » occidental en terre musulmane qu'Israël représente à ses yeux. Depuis, Téhéran bâtit une nébuleuse de mouvements armés en exploitant les fragilités politiques et militaires de ses voisins, ainsi que la proximité avec les communautés du croissant chiite. Cet « axe de la résistance » réunit aujourd'hui l'Iran, le Liban, la Syrie, l'Irak et le Yémen.

une recrudescence de violence politique et de conflits armés[1]. Moins couverts et moins documentés, d'autres conflits se révèlent aussi dévastateurs. Burkina Faso, Congo, Somalie, Soudan, Yémen, Birmanie, Nigeria, Syrie, Mexique, Brésil… sont le théâtre d'un « modèle de guerre » qui n'est pas transfrontalière, d'une guerre asymétrique et intraétatique, qui oppose les forces armées gouvernementales à un ou plusieurs groupes armés présents sur le même territoire[2].

N'importe quel historien nous rappellerait sans mal que les siècles qui nous précèdent sont émaillés de guerres similaires. Mais la gravité et la multiplication des crises auxquelles le monde est aujourd'hui confronté ont conduit les Nations unies à adopter, en juin 2024, une résolution déclarant le 10 juin « Journée internationale pour le dialogue entre les civilisations ». Miguel Ángel Moratinos, secrétaire général adjoint et haut-représentant pour l'Alliance des civilisations de l'ONU, précise néanmoins : « Les conflits internationaux ne peuvent être la seule conséquence de la religion, de la culture ou des civilisations. Il faut le dire sans ambages : il n'y a pas de choc des civilisations.

1. Plusieurs organisations ont observé une augmentation des niveaux de conflits armés ces dernières années, après des décennies au cours desquelles ils sont restés historiquement bas. De nombreux facteurs peuvent expliquer cela, depuis les tensions économiques et sociales croissantes autour des États fragiles jusqu'aux tensions croissantes entre les grandes puissances et même aux premiers effets du changement climatique.

2. Catégorisés comme irréguliers, terroristes ou indépendantistes, ces mouvements souhaitent généralement conquérir le pouvoir ou se défendre des menaces de l'État central.

Il y a un choc d'intérêts et un choc d'ignorance. » Face à ces chocs d'intérêts et d'ignorance, les Nations unies considèrent que « le dialogue reste le moyen le plus efficace d'éliminer les discriminations et les préjugés, de favoriser la compréhension et la confiance mutuelles, de renforcer les relations entre les nations et de consolider la solidarité internationale ».

En 2025, pour transformer l'ignorance en connaissance éclairée et réconcilier les intérêts, l'être humain n'a donc encore rien inventé de mieux que le dialogue. Ce qu'il exige et ce qu'il permet est intact depuis que les penseurs de l'Antiquité l'ont posé et reconnu comme principe fondateur de la démocratie, et plus tard de la diplomatie. Or, si le lien entre dialogue et démocratie nous paraît sans doute à tous plutôt évident, celui entre dialogue et politique ne s'impose pas autant. Les échecs avérés de véritable dialogue entre personnalités politiques sont si nombreux que j'en suis personnellement venue à me demander si la politique n'excluait pas, par définition, le dialogue. Seul un retour à ce qu'est la politique permet d'approfondir ce point et de comprendre si le dialogue participe nécessairement ou non du fait politique.

La politique fait partie des grands concepts de l'histoire de la philosophie. Concept massif, aussi essentiel que nébuleux. L'étymologie ici ne nous est pas d'un grand secours. *Politikos* signifie « qui concerne les membres d'une cité ». C'est chez Alain Badiou, philosophe français contemporain, que j'ai choisi d'aller puiser l'éclairage dont nous avons besoin. Dans *Éloge de la politique*, Badiou explique que, dès l'origine du concept, la politique désigne la question du pouvoir : qui l'occupe et/ou qui l'exerce au regard de collectivités constituées ? Une première définition circonscrite à la notion de pouvoir – dont Machiavel est le principal théoricien – autorise la version la plus cynique de la politique que nous voyons aujourd'hui à l'œuvre. Conquête, concurrence, corruption, mensonges, violences…, tous les coups sont permis puisque la politique n'est qu'un jeu, sérieux certes, mais dont l'unique objet est le pouvoir. Badiou rappelle cependant que, contre cette vision, s'est constituée dans l'histoire, par la progression des idées démocratiques, une autre conception de la politique en lien étroit avec la justice. Or, dès lors qu'on engage l'idée de justice dans la définition de la politique, on ne peut plus simplement la définir comme la conquête du pouvoir. « La question centrale, écrit-il, devient : "Qu'est-ce qu'un pouvoir juste ?" Et le débat sur la politique ne concerne pas tant l'exercice du pouvoir que les normes auxquelles ce pouvoir est soumis, sa relation à la collectivité et les objectifs qui sont les siens[1]. » Ce que Badiou nous aide à comprendre c'est que, si l'on vise une effectivité *positive* du pouvoir et de la justice, les deux se retrouvent nécessairement liés. En effet, sans prise avec le réel du pouvoir, la justice reste une idée

1. A. Badiou, *Éloge de la politique*, Flammarion, 2019, p. 7.

abstraite, sans effectivité donc. De son côté, sans prise avec la justice, le pouvoir conserve bien une effectivité, mais négative puisqu'il dégénère.

Nous héritons donc de deux conceptions de la politique. La première – appelons-la machiavélienne – n'implique pas nécessairement le dialogue. On pourrait même dire qu'elle l'exclut puisque, parmi tous les moyens disponibles pour obtenir et exercer le pouvoir, le dialogue apparaît inefficace (trop coûteux en temps), voire risqué, en ce qu'il implique une sincérité qui rend ses participants vulnérables. Pour comprendre en quoi la seconde conception de la politique – qui en fait donc l'exercice d'un pouvoir *juste* – établit un lien nécessaire entre dialogue et politique, il faut la regarder d'un peu plus près encore, en passant par Aristote.

Aristote est le philosophe à qui l'on doit la formule devenue célèbre suivant laquelle l'homme est « un animal politique ». On la trouve dans ce passage de *La Politique*: « La cité est au nombre des réalités qui existent naturellement, et [...] l'homme est par nature un animal politique. [...] Mais que l'homme soit un animal politique à un plus haut degré qu'une abeille quelconque ou tout autre animal vivant à l'état grégaire, cela est évident. La nature, en effet, selon nous, ne fait rien en vain; et l'homme, seul de tous les animaux, possède la parole. Or, tandis que la voix ne sert qu'à indiquer la joie et la peine, et appartient aux animaux également (car leur nature va jusqu'à éprouver les sensations de plaisir et de douleur, et à se les signifier les uns aux autres), le discours sert à exprimer l'utile et le nuisible et, par suite aussi, le juste et l'injuste ; car c'est le caractère propre à l'homme par rapport aux autres animaux, d'être le seul à avoir le sentiment du bien et du mal, du juste et de l'injuste, et des autres notions morales, et c'est la communauté de ces sentiments qui engendre famille et cité[1]. »

Le raisonnement d'Aristote, et la conception de la politique qui en découle, sont donc les suivants : la politique, dans l'existence des hommes, n'est pas un accident. La nature, qui, on l'a compris, « ne fait rien en vain », a doté l'être humain de la capacité de parler et c'est cette capacité qui en fait un être politique. Pourquoi ? Aristote distingue la voix (*phônè*) de la parole (*logos*). La voix, que l'on rencontre aussi chez les animaux, permet d'exprimer des affects et de les communiquer. Tout comme les êtres humains, les animaux ont une expérience sensible et la manifestent, mais, chez l'homme, la parole déborde cette fonction purement expressive et communicative. Parler consiste à produire des propositions de sens, à affirmer quelque chose à propos de quelque chose. Ce que les Grecs soulignent avec la notion de *logos*, qui signifie à la fois parole et raison, discours sensé. Parler-penser fait sortir l'homme de la sphère de l'immédiat et du subjectif et lui permet d'évoluer dans la sphère de

1. Aristote, *La Politique*, I, 2, traduction Jules Tricot.

l'objectif et du jugement commun. Lorsque je dis « ce comportement est juste », je parle à l'autre de quelque chose qui concerne notre vie en commun.

Ainsi la parole permet-elle de débattre des valeurs de la communauté, ce qui est proprement, pour Aristote, l'activité politique. Au *parlement* ou sur la place du marché, les hommes s'adressent la parole et s'entretiennent de ce qui intéresse leur être-ensemble. Il s'ensuit que la parole est d'essence politique et que, réciproquement, la politique est d'essence langagière ou dialogique. L'espace politique est le lieu où chacun peut exprimer sa conception de l'utile, du bien, du beau et du juste. Il est l'espace du dialogue au moyen duquel une pluralité d'êtres différents et égaux peut réaliser les accords nécessaires à la vie en commun.

Dans cette conception aristotélicienne de la politique, la vie politique est donc nécessairement une vie démocratique, un régime relationnel dans lequel des êtres humains parlent et se parlent pour parvenir à bien vivre ensemble. Ils sont honorés dans leur parole et honorent la parole d'autrui. Une communauté est politique quand elle s'appuie sur la parole de ses membres pour briser le cercle de la violence. Elle travaille alors par le jeu de la discussion à une unité voulue, négociée, nuancée, tout à l'opposé de l'uniformité totalitaire.

Dans cette perspective, tout porte à conclure que nos systèmes actuels ont l'apparence et les discours de la version aristotélicienne de la politique, mais qu'ils fonctionnent selon la version machiavélienne. En effet, si notre régime politique a encore le nom de démocratie, son principe fondateur se trouve bien élimé. Combien de citoyens aujourd'hui ne se sentent pas écoutés par nos représentants politiques, et donc plus représentés par eux ? Combien ont le sentiment de vivre dans un simulacre de démocratie et ont perdu confiance dans la parole politique ? Je connais de nombreuses personnes qui ne votent plus, désabusées, ne croyant plus dans le geste même du vote. Comment les en blâmer quand la politique se trouve inféodée à l'intérêt financier et réduite à d'obscures stratégies électorales se traduisant par l'instrumentalisation de faits ou de données pour faire grossir clivages et ressentiment ! Une majorité silencieuse ne vote plus que par dépit, tantôt pour censurer (empêcher un parti de l'emporter), tantôt pour provoquer, et parfois par désespoir – on vote alors pour un parti dans lequel on ne se reconnaît pas comme ultime moyen d'exprimer son mécontentement ou d'espérer un changement quel qu'il soit.

Il se trouve que, contrairement à ce que l'on croit, la démocratie à laquelle nous sommes tant attachés aujourd'hui est loin de faire l'unanimité parmi les philosophes, si elle doit être envisagée comme le régime unique d'un peuple. Beaucoup préconisent des régimes mixtes, mêlant monarchie (gouvernement d'un seul), aristocratie (gouvernement d'un petit nombre, souvent les plus riches) et démocratie (le peuple se gouverne lui-même soit directement, soit via des représentants). Ce qu'ils disent de la démocratie doit nous intéresser pour comprendre en quoi la crise qu'elle connaît est relative à l'état du dialogue dans notre société. On peut définir l'idéal démocratique comme celui d'une communauté d'égaux qui ont la possibilité de participer à égalité à l'élaboration des règles qui les gouvernent et d'en bénéficier à égalité. Deux grands types de démocratie ont été défendus et expérimentés à travers l'histoire : la démocratie représentative, que nous connaissons, et la démocratie directe.

La démocratie représentative est un système qui permet aux citoyens de participer à la prise de décision et de s'assurer que leurs intérêts sont pris en compte en choisissant des représentants tenus pour responsables de leurs actions. Mais *quid* du dialogue si quelqu'un parle en notre nom ? Cette limite de la démocratie représentative a été largement dénoncée, notamment par Jean-Jacques Rousseau, fervent défenseur du fait de confier au peuple le soin de se gouverner lui-même. Pour Rousseau, tout représentant ne peut qu'exercer une volonté particulière qui trahirait nécessairement la parole de ses représentés. Autrement dit, la représentation est le renoncement à l'exercice de la souveraineté générale. Adepte de la démocratie directe, Rousseau a néanmoins conscience qu'elle ne peut s'exercer qu'à petite échelle, où la discussion et l'identification aux problèmes sont plus aisées. L'autre limite de la démocratie directe est évidemment que, pour fonctionner, chacun de nous devrait consacrer une part importante de son temps à la maîtrise des sujets à traiter. Ce à quoi il me semble que peu d'entre nous sommes prêts. De sorte que nous sommes prisonniers d'un paradoxe qui paraît insoluble : nous voulons que la politique soit l'affaire de tous, mais préférons le confort qu'elle soit le fait de quelques-uns.

Quoi qu'il en soit, qu'elle soit directe ou représentative, la démocratie est une forme politique dont l'exigence dialogique n'est pas respectée aujourd'hui. On le comprend à la lecture du philosophe allemand Jürgen Habermas, qui a consacré une partie de ses travaux aux conditions de réalisation de l'idéal démocratique. Car c'est une chose de déclarer que, dans un régime démocratique, les citoyens doivent pouvoir s'approprier les différents aspects de la vie en société en délibérant ; c'en est une autre d'étudier les modalités de ces discussions. Comment distribuer la parole ? Et comment l'unanimité recherchée est-elle créée ? Avec ou sans antagonismes ? Habermas opte pour la première option. Partant du principe que la démocratie suppose de laisser vivre un « dissensus rationnel », il met l'accent sur la nécessité, pour obtenir un consensus acceptable, d'assurer une *juste* communication, qu'il appelle « éthique de la discussion ». Autrement dit, il faut penser, en amont des sujets à discuter, des normes partagées susceptibles d'assurer une telle éthique.

Habermas en propose quatre : la symétrie ou l'égalité des participants, leur sincérité, la liberté d'adhérer aux conceptions exprimées et l'intelligibilité des propos. Il n'est pas difficile de reprendre un à un ces principes pour constater qu'ils ne sont jamais tous au rendez-vous des espaces actuellement ouverts pour la parole politique. La symétrie des participants implique qu'ils puissent échanger leur rôle sans que cela porte préjudice au résultat de la discussion faute de quoi c'est l'autorité, la position hiérarchique ou sociale qui l'emporte dans l'argumentation, ce qui finit par annuler la nécessité même d'argumenter. Leur sincérité implique que chacun puisse croire les propos de l'autre. La sincérité appelle la vérité (entendue aux deux sens de véracité des faits et de justesse normative, c'est-à-dire d'acceptabilité rationnelle). Or nous avons vu combien la vérité est mise à mal aujourd'hui. La liberté d'adhérer aux conceptions exprimées présuppose l'absence de pressions ou de contraintes extérieures qui rendraient vains les deux premiers principes. Enfin, les propos des participants doivent être compréhensibles, c'est-à-dire élaborés dans le respect d'une langue et à l'aide de termes dont la signification est sinon maîtrisée, du moins maîtrisable par les autres.

Ce cadre a valeur d'idéal et Habermas savait qu'il n'était presque jamais atteignable. Mais entre s'en approcher sans l'atteindre et tout faire pour s'en éloigner, il y a une différence d'intention qui doit nous préoccuper. On peine aujourd'hui à rencontrer des représentants politiques qui savent se rendre intelligibles sans simplifier de manière caricaturale les sujets. On peine aussi à trouver ceux qui résistent, au contraire, à tout compliquer pour neutraliser la possibilité d'y voir clair et exclure volontairement les citoyens de la réflexion. Quant à la sincérité, les positions de principe des uns et des autres, combinées de manière contradictoire à une étonnante versatilité, la rendent quasi inexistante.

Ce dialogue rendu impossible ou très difficile par le dogmatisme, l'opportunisme, les conflits d'intérêts et le manque de confiance mutuelle se retrouve également dans les entreprises, qui sont des micro-sociétés avec des enjeux proprement politiques. Je pense notamment au dialogue social, et plus largement au dialogue avec les parties prenantes, qui est le pendant de la démocratie dans nos organisations. Les mêmes écueils présentés par les jeux d'acteurs[1] et la divergence des motivations sont à l'œuvre. Lors d'une intervention que je donnais sur le sujet à une table ronde, un représentant syndical racontait les stéréotypes qui pèsent sur les syndicalistes, la dévalorisation de leur engagement par le frein que cela met à leur carrière, le manque de moyens alloués à leur formation afin qu'ils puissent être des interlocuteurs constructifs dans leur

1. On doit cette notion au sociologue Michel Crozier qui, s'intéressant au fonctionnement des organisations, observe que les individus n'y sont pas comme de simples agents, c'est-à-dire uniquement soumis au déterminisme, mais qu'ils y évoluent aussi comme de véritables sujets, qu'ils sont acteurs d'un certain nombre de choses, et notamment de stratégies.

confrontation avec les employeurs. Réciproquement, les représentants syndicaux perçoivent RH et patrons comme des agents manipulateurs, opportunistes, intéressés par le profit plus que par l'humain. Il existe bien sûr des exceptions – et même sans doute beaucoup – mais reste que, trop souvent encore, chaque camp vit dans la conviction que l'autre n'a ni l'envie ni l'intérêt de dialoguer. Ce qui, dans une certaine mesure, est vrai puisque le rapport de forces dans lequel chacun est pris l'interdit, ou du moins l'empêche sérieusement.

L'amertume de ce constat m'a conduite à rencontrer les travaux d'Éric Weil. Dans son ouvrage sobrement intitulé *Philosophie politique*, Weil affirme une chose radicale : le dialogue est impossible aussi bien entre États qu'entre personnalités politiques. Il est donc vain de l'attendre des uns ou des autres. Lisons-le dans le texte : « Y a-t-il, peut-il y avoir dialogue, non pas entre individus, mais entre institutions ? Peut-on imaginer qu'un parti parle avec un autre sans qu'il y ait une autorité reconnue par les deux comme supérieure et qui leur impose le renoncement à la lutte violente ? Peut-on imaginer – et c'est de cela qu'il s'agit en fait – un dialogue entre États ou groupes d'États, différents par leurs idéologies, leurs traditions morales, leurs valeurs vécues, leur histoire religieuse, constitutionnelle, intellectuelle – entre formations qui se sont constituées en vue de la défense de leur indépendance et pour lesquelles, partant, cette indépendance est la valeur absolue ? Le pronostic semble désespéré. [...] Qui donc peut alors dialoguer ? Les hommes politiques ? Certainement non ; ils peuvent discuter, et dans leurs discussions, ils peuvent essayer d'éviter le conflit violent – ce qui semble être leur intention [...]. Les hommes politiques peuvent discuter et il faut espérer qu'ils continueront à discuter longtemps ; mais ils ne peuvent pas entrer dans un dialogue : sur quoi s'entendraient-ils ? Restent les hommes de culture. Ils peuvent dialoguer. D'abord ils savent dialoguer : ils l'ont appris, c'est leur métier, c'est leur travail, leur spécialité. Ils peuvent dialoguer, puisqu'ils sont d'accord sur la valeur du dialogue, étant opposés à la violence, du moins à l'emploi prématuré de la violence. Ils le peuvent, enfin, puisque, à l'encontre des hommes politiques, ils ne sont pas sûrs de savoir ce qui est le véritable enjeu des passions ni la valeur du prix que la violence, refrénée pour l'instant, attend de sa victoire sur la violence adverse[1]. »

Weil nous dit deux choses, qu'on pourra évidemment vouloir contester, mais dont il faut méditer la justesse. Il nous dit d'abord que le dialogue est politique, mais que ce ne sont pas les personnalités politiques qui peuvent le prendre en charge. Pourquoi ? Parce que les acteurs politiques sont des professionnels de l'action, pris dans une temporalité et une rationalité (économique et technique) qui les rend trop intéressés pour

1. É. Weil, in *Philosophie politique*, Vrin, 1956. Section « Philosophie et réalité », chapitre « Vertu du dialogue », p. 287.

accéder à un sens qui les transcende. Weil va même plus loin en affirmant que les représentants de l'État doivent avoir à la fois « les convictions les plus fermes » au plan pratique qui est le leur et « pas de convictions du tout » au plan métaphysique ou méta-politique du « sens définitif de l'existence humaine[1] ». Ils peuvent donc avoir des discussions, mais ils ne peuvent pas dialoguer au sens propre du terme. Voilà qui éclaire mon amertume : il n'est pas anormal que les dirigeants politiques échouent à dialoguer puisque, d'une certaine manière, ils ne sont pas faits pour ça.

Ceux qui peuvent assurer le dialogue, dont la politique a par ailleurs besoin, sont ceux que Weil appelle « hommes de culture ». Qui sont-ils ? Dans l'absolu, toute personne libre et raisonnable qui se tient à une certaine hauteur de vie et de vue par l'exercice de sa raison (ce que peut être, pour notre penseur, tout citoyen éduqué)[2]. Mais Weil pense spécifiquement aux philosophes, ceux qui ont normalement appris à dialoguer et à maintenir vivante l'inquiétude d'un « se chercher » dans l'existence – ce que l'auteur entend par le fait « [qu']ils ne sont pas sûrs de savoir ce qui est le véritable enjeu des passions ni la valeur du prix que la violence, refrénée pour l'instant, attend de sa victoire sur la violence adverse ». L'homme de culture, le philosophe, ou le citoyen-philosophe, sait procéder à la confrontation des convictions qui habitent et

1. *Ibid.*, p. 220.
2. *Ibid.*, p. 255-257.

déchirent le monde. Il sait poser les questions métaphysiques et non pas seulement celles qui découlent des usages de son temps. Il se tient à la jonction toujours fragile du réel et du possible, du droit et de la justice, en renvoyant donc effectivement la liberté de chacun aux responsabilités éthiques et politiques, historiques et culturelles qui lui incombent. Autrement dit, il doit contribuer à faire de la simple discussion politique un dialogue, à infléchir celle-ci en l'ouvrant à l'espace du dialogue[1].

D'une certaine manière, Aristote, Habermas et Weil nous indiquent la même conclusion : le sol de l'action politique n'est pas politique, il est éthique. Or, l'éthique est dialogue[2]. C'est la thèse la plus forte d'Habermas. Le dialogue est le critère même de l'éthique. Et il n'est pas anodin que ce soit au XXe siècle, un siècle de conflits et de guerres extrêmes, qu'un penseur se soit aperçu que le dialogue n'est pas seulement un aspect de l'éthique, mais le fondement de l'éthique même. C'est pourquoi les conflits idéologiques et les guerres trouvent ultimement leur résolution dans le dialogue que les personnes ordinaires sont ou non capables de mener. Et si les dirigeants politiques s'avéraient capables de dialoguer – un espoir auquel je ne parviens pas à renoncer malgré la démonstration de Weil – il est certain que leur dialogue ne serait que le prolongement d'un dialogue initié dans le réel des personnes

1. Cf. *op. cit.*, p. 294.
2. Je renvoie ici le lecteur à nos deux premiers chapitres.

ordinaires qu'ils gouvernent. Qui sait, d'ailleurs, si l'impossibilité du dialogue en politique ne tient pas au fait que les représentants politiques ont oublié de devenir et rester eux-mêmes des citoyens éclairés ! Le comportement de certains d'entre eux aujourd'hui, notamment sur la scène internationale, laisse à penser qu'ils ont peu de considération pour cet esprit citoyen. La diplomatie elle-même, seule rémanence peut-être du dialogue en politique, semble atteinte. De fait, lorsque des cessez-le-feu ou des accords de paix deviennent eux aussi le fruit d'un rapport de forces, on peut légitimement être tenté de conclure à la mort de la diplomatie.

N'oublions pas que, si la politique est de part en part une affaire de frontières, la pensée, elle, n'en a pas[1]. Me reviennent soudain ces mots de Saint-Exupéry, dont la sensibilité console l'enfant qui, en moi, n'admet toujours pas la guerre : « Pour comprendre l'homme et ses besoins, pour le connaître dans ce qu'il a d'essentiel, il ne faut pas opposer l'une à l'autre l'évidence de vos vérités. Oui, vous avez raison. Vous avez tous raison. La logique démontre tout. [...] Il faut, pour essayer de dégager cet essentiel, oublier un instant les divisions, qui, une fois admises, entraînent

1. *Pour une pensée sans frontières*, le très bel ouvrage de la philosophe Françoise Dastur, l'illustre d'ailleurs à merveille. En instaurant un dialogue entre Orient et Occident, Dastur nous fait découvrir que nos idées européennes, jusqu'aux plus universelles que sont les droits de l'Homme, sont pour partie issues de traditions historiques non européennes. Platon a été inspiré par les Égyptiens, Héraclite par les Indiens, Martin Heidegger et Simone Weil également.

tout un Coran[1] de vérités inébranlables et le fanatisme qui en découle. On peut ranger les hommes en hommes de droite et en hommes de gauche, en bossus et en non bossus, en fascistes et en démocrates, et ces distinctions sont inattaquables. Mais la vérité, vous le savez, c'est ce qui simplifie le monde et non ce qui crée le chaos. La vérité, c'est le langage qui dégage l'universel. [...] À quoi bon discuter les idéologies ? Si toutes se démontrent, toutes aussi s'opposent, et de telles discussions font désespérer du salut de l'homme. Alors que l'homme, partout, autour de nous, expose les mêmes besoins[2]. »

1. J'invite le lecteur à remettre cette évocation du Coran dans son contexte. L'auteur s'y réfère de manière métaphorique pour dire que l'on s'attache à ses vérités comme à un texte sacré. Il aurait pu tout aussi bien dire « la Bible ». La référence est troublante pour qui sait par quoi la société française est aujourd'hui traversée mais, pour qui connaît aussi Saint-Exupéry, le soupçon d'une éventuelle islamophobie est nul et non avenu.

2. Antoine de Saint-Exupéry, *Terre des hommes*, Gallimard, 1971, p. 172-173.

6

Le dialogue face à la violence

> « Choisir le dialogue est en soi le triomphe de la paix et de l'humanisme. »
>
> Daisaku Ikeda.

Son souvenir emporte moins de culpabilité aujourd'hui, mais il reste très sensible. Il s'agit d'une scène de préadolescence avec ma sœur. À cet âge où l'on se cherche, où il est si intense et douloureux d'exister, notre relation était traversée par de nombreux mouvements d'amour-haine. Je nous revois dans ma chambre. Ce qu'elle me dit – que j'ai oublié, mais qui importe peu pour mon propos – soulève en moi une vague de colère. Et alors, pour la première fois, je me vois faire. Je lui saisis les deux mains, tords ses poignets et plante mes ongles dans sa peau jusqu'au sang. Je sens que je pourrais exercer plus de force, faire durer le supplice plus longtemps. Peut-être même lui casser ses petits poignets de petite sœur. Jamais je n'ai eu autant conscience, tout en lui donnant quasi libre cours, de ma propre violence. J'ai eu peur de sa puissance. Mais j'ai aussi eu peur de la jouissance qu'elle procure. C'est à ce moment-là, je crois, que j'ai compris que le tragique de l'existence, ce n'est pas qu'elle ait à finir. La tragédie de l'existence, ce n'est pas la mort, c'est la violence. C'est le fait que la vie contienne en elle-même le désir de sa destruction. Aussi monstrueuse que jouissive, la violence fascine et dégoûte. Et elle nous concerne tous. Car tous, nous avons été blessés par différentes formes de violence[1] et tous, nous l'avons exercée.

Entre celle qui a violenté sa sœur et la guerre évoquée au chapitre précédent, il y a, toute proportion gardée, un lien. Dans les deux cas, la vie se retrouve à s'affirmer contre la vie, puisqu'il s'agit de confirmer son existence en donnant symboliquement ou réellement la mort, en néantisant une autre vie. C'est insensé. C'est même absurde. Mais j'ai appris à accepter que c'est ainsi. Je peux même dire aujourd'hui que j'ai pris le chemin de la philosophie et du bouddhisme pour apprendre à accepter que la violence est irréductiblement constitutive de la vie, à commencer par la mienne, et que devenir humain, c'est s'efforcer toute sa vie durant de faire un autre choix. Cet autre choix ne fait pas disparaître la violence. Cet autre choix consiste à la regarder, à la connaître et à lui rendre raison. Lui *rendre raison* aux deux sens

---

1. La violence physique est la plus spectaculaire et, par conséquent, la mieux identifiable, mais elle n'est pas la seule violence dont nous sommes capables et victimes. J'y reviens plus loin dans ce chapitre.

que peut prendre l'expression : lui rendre *la* raison[1], la rendre raisonnable et donc la faire parler, donner des mots à la souffrance dont elle provient. Mais aussi lui donner raison, reconnaître ce qui se joue tragiquement de *juste* en elle, reconnaître ce qu'elle cherche tragiquement à protéger ou réparer. Bref, apprendre à répondre au(x) besoin(s) humain(s) dont la violence est l'expression la moins humaine. C'est l'effort de toute une vie. C'est une aspiration infiniment exigeante et infiniment épanouissante, dont le fruit n'est jamais complètement acquis. Car il ne suffit malheureusement pas toujours de parler la violence pour la mettre hors d'état de nuire. J'ai longtemps pensé qu'elle venait par manque de mots, mais il est évident que les mots peuvent aussi la servir.

Sur ce rapport entre violence et langage, les travaux du pédopsychiatre et psychanalyste Bernard Golse nous apprennent d'ailleurs fort utilement que l'accès au langage lui-même comporte une part de violence. Incroyablement puissant et efficace, le langage constitue un progrès qui signale que l'enfant est en train d'accéder à l'intersubjectivité, que Golse définit comme « le vécu profond qui nous fait ressentir que soi et l'autre, ça fait deux[2] ». Or, ajoute-t-il, « il n'y a pas de progrès qui puisse être créatif sans être aussi

1. Il ne serait peut-être pas juste de dire que toute violence est une folie, mais toute violence comporte une folie possible.

2. B. Golse, « La violence développementale de l'accès au langage », in revue *Enfances & Psy*, *Quand la langue défaille*, 2010/2 n° 47, p. 16.

défensif à l'égard de l'éloignement, ou de la perte de l'objet primaire [c'est-à-dire de la mère, avec laquelle l'enfant fusionne] ». Apprendre à parler, c'est se mettre en route vers un soi dissocié de la mère. Se mettre en route vers un dire « Je » qui nous séparera définitivement d'elle. Ce « passage de la bouche vide de sein à la bouche pleine de mots[1] » est une violence.

Si le langage n'écarte donc ni nécessairement ni par nature la violence, reste que, faute de mots, ceux dont on dispose font plus volontiers violence. Bien que controversée, la réflexion du linguiste Alain Bentolila le résume parfaitement. Dans plusieurs de ses ouvrages et articles, il rappelle la vertu pacificatrice d'une langue maîtrisée et alerte sur ce qu'il appelle « l'insécurité linguistique » des jeunes. « Plus d'un jeune Français sur cinq, après des années passées entre les murs de l'école de la République, se trouve dans une situation d'insécurité linguistique globale à l'oral comme à l'écrit, affirme-t-il. [...] Pour tous ces jeunes gens et jeunes filles, la défaite de la langue c'est aussi la défaite de la pensée et le renoncement à tout engagement pacifique. [...] Une part importante des jeunes Français ne possède donc que quelques centaines de mots, quand il leur en faudrait plusieurs milliers pour tenter d'examiner et d'accepter pacifiquement leurs différences. S'expliquer leur paraît alors aussi difficile qu'incongru. Beaucoup de jeunes en insécurité

1. *Ibid.*

linguistique ont ainsi perdu cette capacité spécifiquement humaine de tenter d'inscrire pacifiquement leur pensée dans l'intelligence d'un autre par la force respectueuse des mots. Réduite à la proximité et à l'immédiat, leur parole a renoncé au pouvoir de créer un temps de sereine négociation linguistique, seule capable d'éviter le passage à l'acte violent et à l'affrontement physique. Cette parole devenue éruptive n'est le plus souvent qu'un instrument d'interpellation brutale et d'invective qui banalise l'insulte et précipite le conflit plus qu'elle ne le diffère. [...] L'impuissance linguistique a réduit certains jeunes à utiliser d'autres moyens que le langage pour imprimer leurs marques : ils altèrent, ils menacent, ils tueront peut-être un jour parce qu'ils ne peuvent se résigner à ne laisser ici-bas aucune trace de leur éphémère existence. Leur violence s'est nourrie de l'impuissance à convaincre, de l'impossibilité d'expliquer, du dégoût d'eux-mêmes et de la peur des autres. Leur violence est d'autant plus incontrôlée, d'autant plus immédiate qu'elle est devenue muette. Et un regard de travers peut aujourd'hui coûter la vie[1] ! »

Les exemples de la violence à laquelle se trouvent réduits certains jeunes ne manquent pas. Quand ils n'attentent pas à la vie des autres (souvent dans le milieu scolaire)[2], ils se livrent à des dynamiques mor-

1. A. Bentolila, *Pour une école de la résistance*, Odile Jacob, 2022.

2. J'ai commencé à écrire ces lignes alors qu'un drame défiait encore l'actualité. Une assistante d'éducation a été poignardée à mort par un

bides sur les réseaux sociaux. Dynamiques auxquelles des adultes participent tout aussi bien. J'ai déjà évoqué, pour d'autres raisons, certaines dérives possibles de ces réseaux. À propos de la violence, l'anthropologue canadienne Sylvie Genest relève plus spécifiquement l'existence d'un « masochisme moral ». Le modèle du streaming en particulier, reposant sur la compensation financière, encourage la production de contenus où s'entremêlent dramatiquement la souffrance et la fierté. Avant même le décès du streameur Raphaël Graven, dit Jean Pormanove, à la suite de plusieurs jours de sévices et maltraitance filmés en direct sur une plate-forme, l'anthropologue notait « la prolifération de personnes exaltées par leur propre humiliation, si avides d'une reconnaissance que la société leur refuse qu'elles acceptent de se prêter au jeu de cette violence symbolique[1] ». Le défi que pose la violence est donc que nous pouvons y avoir goût ; celui de son spectacle pour certains, celui de l'exercer ou de la subir pour d'autres. Et ce pas seulement pour des raisons cathartiques. Nous avons la tentation de la violence parce qu'elle est un moyen immédiat de remplir des

---

élève dans un collège de Haute-Marne. Le même jour, en Autriche, un jeune homme de 21 ans est entré armé dans son ancien lycée pour tirer sur des élèves et professeurs. Sept femmes et trois hommes ont été tués. L'auteur des faits s'est lui-même suicidé dans les toilettes de l'établissement scolaire après la fusillade.

1. Sylvie Genest, « Les réseaux sociaux vous incitent à adopter ces trois comportements primitifs et violents », in *The Conversation*, 10 septembre 2024.

besoins existentiels[1] dont nous apprenons trop peu à prendre soin.

Si les philosophes se sont attachés à définir ce qu'est la violence, à étudier ses formes et les manières de la contrer, ils n'ont pas encore suffisamment pensé *pourquoi* nous nous trouvons pris en elle et par elle. S'attarder sur son essence nous permet néanmoins de comprendre pourquoi la violence constitue un indépassable (au sens où l'on ne peut jamais s'en défaire complètement et une fois pour toutes). Le terme grec qui la désigne, *bia*, possède la même racine que *bios*, « la vie », et définit une activité vitale d'une intensité extrême, un abus de force. Autrement dit, s'il y a bien de la mort dans la violence, il y a aussi de la vie. La violence est vivante, elle est une sorte de point de rupture où la vie, en excès, se retourne en son contraire. Une dynamique que la sagesse chinoise antique avait très bien saisie. Le *Taiji tu*, célèbre cercle *Yin-Yang*, le symbolise parfaitement : ce qui parvient à son maximum se transforme en son envers. La présence des deux points renvoie à l'idée que, au cœur de chaque moment d'une structure évolutive, il y a toujours l'existence de son contraire. Le point culminant d'une forme étant aussi un point de renversement.

Nous sommes donc pris dans un fond de violence parce que nous sommes en vie. Mais nous ne sommes pourtant pas toujours violents. Pourquoi pouvons-nous

1. Ce dont le spectacle des exécutions publiques par le passé témoigne.

donc être pris *par* la violence, être pris *de* violence ? Hasard ou non, c'est chez un Grec que l'on trouve l'une des premières réponses. Aristote tire un trait de la physique à l'éthique et nous dit : la violence surgit lorsque le mouvement naturel d'un corps ou d'un être est contrarié. Elle résulte du fait qu'un être soit nié dans sa nature et dans sa relation à son environnement. À ce titre, la violence est ce qui appelle, de notre part, une résistance pour que notre nature puisse s'exprimer sans entrave. Si l'idée qu'il existe quelque chose comme une nature humaine a depuis été largement contestée dans l'histoire de la philosophie, on ne se risque pas trop à dire que tous les êtres humains ont des besoins fondamentaux communs. La violence serait une réponse « régressive » lorsque ces besoins sont bafoués. Régressive parce que toute violence consiste à déshumaniser l'autre, à nier sa dignité de personne, pour le ramener au rang d'objet pouvant être exploité ou détruit sans considération morale.

Quels sont ces besoins fondamentaux si sensibles ? La formulation varie d'une approche à l'autre, mais l'ensemble des travaux en psychologie présente des invariants. M'étant formée à son approche, je choisis de retenir ici la thématisation proposée par le psycho-sociologue Charles Rojzman[1], qui en dénombre quatre : le besoin d'amour ou de lien, le besoin de

1. Charles Rojzman est l'auteur de plusieurs ouvrages. Je m'appuie notamment sur *La Thérapie sociale*, Chronique sociale, 2023, et *Bien vivre avec les autres*, Larousse, 2009.

sécurité (pouvoir subsister et être protégé), le besoin de valorisation ou de reconnaissance, et le besoin de sens (que Rojzman associe notamment à la justice, aux repères qu'elle fournit). Lorsque nous avons peur que ces besoins soient menacés ou qu'ils le sont effectivement, notre mécanisme de défense naturel est la violence. Abandon, mépris, maltraitance (physique ou verbale), culpabilisation, sont des violences dont nous pouvons tous faire preuve et que nous avons tous subies à des degrés divers ; toutes venant donc en réponse à l'atteinte de besoins fondamentaux.

Quel espoir face à cette violence irréductible qui nous habite ? Le dialogue est-il vraiment ce qui permet d'en sortir ? Je le crois profondément. Mais cette croyance a une condition : que nous apprenions à réhabiliter le conflit, en cessant de l'associer à la violence et en acceptant qu'il puisse être une forme de dialogue. C'est la proposition majeure de Charles Rojzman, dont on trouve déjà les prémices dans la pensée d'un Héraclite (philosophe grec du VIe siècle avant J.-C.) ou d'un Hegel (philosophe allemand du XIXe siècle déjà mentionné). Conflit vient du latin *con-flictus* : se heurter avec/contre. Il y a donc encore littéralement du *avec* dans le conflit. Certes on se rencontre dans et par un heurt, mais une rencontre a lieu ! Alors que, dans la violence, l'autre et/ou moi disparaissons en tant que personne, dans le conflit, l'autre et moi continuons de nous reconnaître mutuellement comme des personnes. Hegel va même plus loin et fait du conflit une condition de possibilité de mon existence en tant que personne[1]. Toute conscience, nous enseigne-t-il, n'existe que dans sa lutte pour être reconnue par une autre conscience. En somme, pas de reconnaissance sans conflit.

Ce renversement de perspective opère également chez Héraclite. Dans ses *Fragments*, il développe l'idée que la vie est un mouvement perpétuel au gré duquel se dégage une harmonie d'ensemble. Mais cette harmonie est faite de tensions multiples, de chocs et d'ajustements permanents des contraires. Cette intuition cosmique le conduit à une déclaration devenue célèbre : « *Polemos* [traduit par combat ou conflit] est père de toute chose[2]. » Il n'est donc pas souhaitable que le conflit disparaisse car l'harmonie n'existerait pas sans l'équilibre sans cesse rejoué entre les opposés que sont l'aigu et le grave, le mâle et la femelle, l'ombre et la lumière, le chaud et le froid, etc. « Ce qui est contraire est utile, et c'est de ce qui est en lutte que naît la plus belle harmonie ; tout se fait par discorde[3] », nous dit encore Héraclite.

Non seulement éviter le conflit revient donc à se priver *in fine* d'harmonie, mais le refuser fait le lit de la violence. C'est ce que développe la philosophe et psychanalyste Hélène L'Heuillet, dans son livre expli-

1. La psychanalyse a, depuis, fait l'hypothèse que le conflit est aussi au cœur de la vie intrapsychique.

2. Héraclite, *Fragments*, B8.

3. Étant entendu que le contraire ne détruit pas, il polarise.

citement intitulé *Tu haïras ton prochain comme toi-même.* Elle y explique que vouloir supprimer le conflit en refusant de le vivre ne peut se faire que par la haine, l'indifférence ou le mépris. Bref, fuir le conflit conduit à la violence tandis que lui faire une place, apprendre à le vivre, permet paradoxalement de se pacifier. Le conflit, au sens d'une altercation sans volonté de détruire, a ainsi deux vertus essentielles. D'abord, il nous maintient en tant que personne dans la relation, permettant à chacun de se ressaisir de lui-même et du lien, mais aussi d'accéder au réel, fait d'inévitables tensions et ajustements.

Emmanuel Kant ajouterait une troisième vertu, qui intéresserait particulièrement nos organisations aujourd'hui : « L'homme veut la concorde, mais la nature sait mieux que lui ce qui est bon pour son espèce : elle veut la discorde. [...] Sans ces qualités d'insociabilité, peu sympathiques certes par elles-mêmes, tous les talents resteraient à jamais enfouis en germe. [...] Remercions donc la nature pour cette humeur non conciliante, pour la vanité rivalisant dans l'envie, pour l'appétit insatiable de possession ou même de domination. Sans cela toutes les dispositions naturelles excellentes de l'humanité seraient étouffées dans un éternel sommeil[1]. » Autrement dit, le conflit révèle les talents, actualise des potentiels qui, sans lui, seraient

1. E. Kant, « Idée d'une histoire universelle d'un point de vue cosmopolitique », in *Opuscules sur l'histoire*, trad. de S. Piobetta, Flammarion, 1990, p. 75.

restés dormants. Le principe central de cette proposition kantienne est celui de « résistance » (*Widerstand*). C'est parce qu'ils résistent à la volonté d'autrui que les individus sont amenés à se transcender. C'est du fait des résistances qu'ils s'opposent et de l'affrontement que cela crée que les individus développent des facultés de jugement supérieures et qu'ils accèdent finalement au sens des distinctions morales.

D'Héraclite à la psychologie moderne, une même leçon se dessine : sans conflit, point d'harmonie. Point de créativité ni de véritable coopération. Apprendre à dialoguer, c'est donc apprendre à vivre cette conflictualité sans laquelle nous n'évoluons que dans des « pseudo Nous », des simulacres de coopération et de collectifs. Cela demande bien sûr à chacun de travailler son propre rapport à la négation et au désaccord. Et donc d'apprendre à dialectiser nos points de vue et nos désirs, c'est-à-dire à assumer qu'ils puissent être opposés, mais chercher ensemble la troisième voie qu'ils peuvent ouvrir ou engendrer. J'ai choisi à plusieurs reprises le terme « apprendre » à dessein puisque, si la violence est toujours déjà là, le dialogue, lui, procède d'une initiation, d'une éducation, d'un éveil à l'humanité qui n'est pas une condition, mais une tâche à entreprendre sans cesse.

Dialoguer, même si cela doit prendre la forme d'un conflit, apparaît donc comme la seule alternative sérieuse à la violence. En conséquence de quoi, refuser de dialoguer est une violence, et peut-être même la source de toutes les violences. Est-ce à dire qu'il faille accepter de dialoguer avec tout le monde et en toutes circonstances ? Y a-t-il des violences qu'aucun dialogue n'aurait pu empêcher et des violences qui justifient qu'on renonce au dialogue ? Faut-il dialoguer à tout prix ? On voit bien comment la question de savoir s'il y a, au fond, un impératif moral à dialoguer recoupe celle des limites du dialogue. Doit-on dialoguer avec tout le monde, y compris ceux dont les intérêts et les valeurs sont à l'opposé des fondements du dialogue ? Y compris avec ceux qui font le choix de la violence ? Une première conviction personnelle me porte à dire que le dialogue n'échoue jamais que par abandon. S'il n'a pas lieu ou se trouve rompu, c'est que les personnes concernées n'y croient pas ou n'en veulent pas. Le dialogue n'échoue que par nos propres limites respectives. Les limites du dialogue ne sont jamais que les nôtres. Faudrait-il être sans limites ? À l'évidence non, car on pourrait alors se retrouver à accepter de subir, sous prétexte de dialoguer, une violence dont le dialogue même se veut la sortie.

Mais alors nous avons là une sorte d'impasse : le dialogue est une sortie de la violence en même temps que la violence est la seule limite valable à la possibilité d'un dialogue[1]. Il faut donc, à un moment donné, que

1. Il me semble qu'il n'y a guère qu'une limite infranchissable pour le dialogue, celle de la folie, cet état où l'autre ne peut être rejoint puisque sa rationalité, sa conscience de ses besoins et ses repères moraux sont altérés.

l'une des parties, au moins, pardonne pour briser le cycle de la violence et ouvrir celui du dialogue. Cette notion de pardon, toute la littérature théologique et philosophique s'accorde à dire qu'elle est sublime, parce qu'à la fois impossible et nécessaire. Je ne saurais retracer ici toute cette littérature et ce n'est pas l'objet de cet essai, mais j'aimerais essayer de déposer quelques idées clefs.

Pierre angulaire de l'éthique, le pardon est un au-delà de la justice. La justice réclame la réparation, la peine, la sanction. Si la justice pardonnait, elle serait fondamentalement injuste, parce qu'elle cautionnerait l'impunité. Le pardon, lui, est le geste ultime de la liberté face à la violence. Non pas un geste d'oubli, mais un choix de déplacer son attention pour la faire porter sur nos vulnérabilités. C'est la conception qu'en propose le philosophe Maxime Rovère et elle entre tout à fait en résonance avec la façon dont j'essaie de penser le dialogue. Dans *Se vouloir du bien et se faire du mal*, Rovère explique bien que pardonner n'est pas liquider le passé pour ne pas avoir à vivre avec, mais « ouvrir sa conscience à sa propre vulnérabilité » et « travailler à percevoir ensemble les différents aspects de nos vulnérabilités[1] ».

L'être humain est infiniment puissant et infiniment vulnérable; ce qui le rend infiniment maladroit. Pardonner la violence, ce n'est pas l'excuser. Ce n'est

1. M. Rovère, *Se vouloir du bien et se faire du mal – Philosophie de la dispute*, Flammarion, 2022, p. 176.

même pas l'expliquer. Pardonner la violence, c'est vouloir pour soi-même et pour l'autre une plus grande humanité. C'est persévérer dans sa dignité et, dans cette persévérance, restaurer un peu de celle que l'autre a abîmée en lui-même. En ce sens on peut considérer que, face à la violence, le dialogue est un acte de pardon. Il est le geste et le choix d'une hospitalité radicale. Il consiste à dire « je te sais violent, mais sois le bienvenu dans l'humanité ». Un accueil que chacun peut d'ailleurs travailler à s'offrir à soi-même puisque, comme nous l'avons vu, chacun est capable de violence. Pour le philosophe Jacques Derrida, l'éthique tient tout entière dans cette hospitalité. On se souvient que, pour Habermas, elle repose dans le dialogue. Dialogue, éthique et hospitalité coïncident donc peut-être pour dire l'Homme.

Ce qui ne coïncide pas toujours, en revanche, c'est le temps de la violence et celui du dialogue[1]. Je ne milite pas pour une posture sacrificielle qui consisterait à opposer le dialogue à la violence physique au moment où celle-ci se produit par exemple. À l'instant où notre intégrité physique est en jeu, il faut se protéger, fuir ou riposter, et non pas dialoguer. Le dialogue fera éventuellement suite à la violence, prendra son relais pour qu'elle n'ait pas à se réitérer, mais il

1. Par « temps du dialogue », il faut aussi comprendre que le dialogue requiert un temps que l'accélération globale de nos sociétés malmène. Difficile, dans un système où la vitesse est le rythme imposé, de trouver désirable et bénéfique le temps plus long et plus lent du dialogue.

ne se superposera pas à elle. Il en va autrement pour les violences verbales et symboliques que sont l'insulte, le mépris, l'indifférence ou la culpabilisation[1]. On peut interpeller une personne qui nous insulte ou nous dévalorise sur sa violence au moment même où celle-ci se produit, nommer la limite qu'on y met, les peurs qui nous traversent, voire les blessures qu'elles provoquent ou auxquelles elle nous renvoie. Cette parole ouvre immédiatement un espace de dialogue, dans lequel l'autre a certes encore le choix de ne pas entrer. Mais on peut demeurer face à cette violence dans une posture de dialogue. S'y tenir droit d'une droiture qui intime à l'autre de nous y rejoindre. Et si l'autre ne peut pas accéder à cette parole dialoguante, il nous faut accepter que le temps du dialogue n'est pas encore venu et garder confiance que notre intention de dialoguer pénétrera un jour sa violence.

Le grec dit *alètheia* (ἀλήθεια) pour vérité, littéralement ce qui ne tombe pas dans l'oubli. Le dialogue est l'autre nom du désir de retrouver cette vérité, qui est tout ce qui nous relie. Il fait reculer l'illusion par la lucidité qu'il produit, y compris sur nos violences. C'est la véritable finalité de tout dialogue : éclairer le réel et réparer les personnes. L'intime et le monde se rencontrent en lui. L'intime non pas au sens d'aveux impudiques, mais d'un soi qu'on accepte de mettre au service de la recherche de la vérité. L'idée de la

1. Je reprends ici la classification de Rojzman.

réparation ou de la restauration est fondamentale. On la retrouve dans la démarche de la justice dite *restaurative* justement, à laquelle Jeanne Herry a consacré un très beau film intitulé *Je verrai toujours vos visages*. Le dialogue restaure à la fois une unité intérieure et une unité interpersonnelle, aux deux sens du mot de « restauration », c'est-à-dire nourrir et réinstaller. Le dialogue me nourrit et nous réinstalle l'autre et moi dans l'unité (qui se distingue de la fusion). Nous comprenons donc qu'il s'agit toujours, dans un dialogue, et du monde et de nous. C'est pourquoi il constitue un véritable tiers-lieu – un lieu qui n'est ni soi-même, ni le monde, mais quelque part entre le monde et soi –, un champ des possibles.

7

Le dialogue des différences

> « Nul ne peut dire ce qu'il adviendra de notre civilisation quand elle aura véritablement rencontré d'autres civilisations autrement que par le choc de la conquête et de la domination. Mais il faut bien avouer que cette rencontre n'a pas encore eu lieu au niveau d'un véritable dialogue. C'est pourquoi nous sommes dans une sorte d'intermède, d'interrègne, où nous ne pouvons plus pratiquer le dogmatisme de la vérité unique et où nous ne sommes pas encore capables de vaincre le scepticisme dans lequel nous sommes entrés. Nous sommes dans le tunnel, au crépuscule du dogmatisme, au seuil des vrais dialogues. »
>
> Paul Ricœur[1].

J'ai déjà eu l'occasion de dire que, tout en étant d'origine juive, j'ai choisi la voie du bouddhisme. C'était il y a plus de vingt ans maintenant et je sais que nul autre chemin ne m'attendait. Je me souviens avec

1. P. Ricœur, *Histoire et vérité*, Seuil, 1955, « Civilisation universelle et cultures nationales », p. 300.

amusement m'être inquiétée de la compatibilité de ma pratique spirituelle avec ma passion pour la philosophie, dont j'imaginais à l'époque qu'elle ne pouvait être que d'inspiration laïque. C'était avant de découvrir que de nombreux philosophes étaient, bien qu'à leur façon, croyants (Leibniz, Descartes, Spinoza...). Je comprends aujourd'hui que se jouait en moi une tension au cœur de tout dialogue, celle de la différence. On ne peut promouvoir le dialogue si l'on ne regarde pas pourquoi la différence fait peur et si l'on ne prend pas ces peurs au sérieux. Tout dialogue est à la fois désir de l'autre, du monde et du vrai, en même temps qu'un vertige, une inquiétude fondamentale de s'effondrer au contact de l'altérité, un risque d'éclatement de son unité par effraction de la différence en soi.

Le dialogue interreligieux est sans doute celui qui fait le mieux sentir ce vertige. S'il est assez probable que des dialogues interreligieux informels aient eu lieu dans l'histoire de l'humanité, leur institutionnalisation date du début du XXe siècle[1] avec quelques pionniers, et notamment des intellectuels chrétiens s'intéressant au judaïsme dans le contexte de la montée du nazisme et de l'antisémitisme, ou à l'islam[2]. Dans les deux cas, leur travail contribue à amorcer, dans le monde catholique, un « regard d'estime » sur le judaïsme et l'islam.

1. Pour un historique exhaustif sur ce point, je renvoie à l'article de Geneviève Comeau, in *La Théologie des religions* (1), revue *Recherches de science religieuse*, 2006/4, tome 94, « Vers une théologie du dialogue et des rencontres », p. 571.

2. Notamment Jacques Maritain et Louis Massignon.

Mentionnons également le père Jules Monchanin parti en Inde, en 1939, à la rencontre de l'hindouisme. À partir des années soixante, la France est marquée par la guerre d'Algérie, les décolonisations, l'installation durable de familles musulmanes. Une nouvelle figure d'altérité apparaît alors : outre le juif, le musulman, vu d'abord comme le travailleur immigré et pauvre avant qu'on ne s'intéresse à sa religion. Naissent à cette époque des associations interreligieuses nationales ; certaines regroupent des chrétiens et des musulmans, d'autres sont multilatérales, comme la Fraternité d'Abraham, fondée en 1967, en pleine guerre des Six Jours. Les années quatre-vingt marquent un tournant dans la perception en France de l'islam, qui devient un problème de société. Les acteurs religieux et politiques oscillent entre dénonciation du racisme et de l'islamophobie, valorisation de la laïcité, condamnation des extrémismes musulmans…

L'émergence du dialogue interreligieux en France est étroitement liée aux événements historiques et politiques qui facilitent ou compliquent la relation à l'autre. La Seconde Guerre mondiale, les rebondissements du conflit au Proche-Orient, les violences en Algérie, mais aussi la guerre du Golfe, ont été le creuset de la pluralité religieuse que nous connaissons aujourd'hui. Mais la possibilité du dialogue reste toujours fragile parce que celui-ci s'enracine dans les préoccupations et la vie concrète des individus. Tout le monde comprendra que ce n'est pas la même chose de chercher à mener un dialogue interreligieux à Versailles ou à Jérusalem…

J'ai personnellement eu la chance d'avoir plusieurs occasions de mener des dialogues interreligieux. D'abord en voyageant avec de jeunes catholiques traditionalistes à l'occasion de leur pèlerinage à Fátima au Portugal. Je souhaitais découvrir, observer, mieux comprendre cette foi considérée comme dogmatique par certains, à même le quotidien de ses croyants. J'ai également eu l'occasion d'intervenir à un colloque interreligieux sur l'économie à la lumière des religions. Les doctrines du judaïsme, du christianisme et de l'islam étaient représentées. Il était tout à fait passionnant d'entendre la langue propre à chaque religion s'expliquer avec l'économie, un phénomène séculier qui ne relevait pas de la croyance et concernait nos vies à tous.

Je me remémore surtout, et plus récemment, un dialogue avec mon amie Claire, chrétienne. J'ai rencontré Claire à l'occasion d'une intervention qu'elle m'avait demandé de faire pour les équipes de son entreprise. Au gré des déjeuners auxquels nous aimions nous retrouver ensuite, nous échangions régulièrement sur nos croyances. À l'occasion de notre dernière rencontre s'est engagée une conversation profonde et troublante sur la question de savoir si la foi est ce par quoi l'être humain découvre un sens à la souffrance. Pour Claire, l'épreuve et la souffrance associée sont toujours injustes parce qu'injustifiables. « Dieu ne peut pas aimer la souffrance », me disait-elle. Contrairement à l'interprétation qui a longtemps eu cours, celle-ci ne peut même pas avoir le sens d'une sanction, d'une punition divine. La souffrance est toujours insensée, absurde. Je me trouve à l'exact opposé de cette croyance. La possibilité que nos souffrances et nos épreuves n'aient aucun sens, qu'elles soient absolument gratuites et arbitraires est insoutenable pour moi. Si tel était le cas, je n'aurais aucune raison de trouver la force de les traverser et de les surmonter. Elles sont *a minima* la cause d'effets passés; quand bien même cette cause est indéchiffrable à mes yeux. Le bouddhisme que je pratique va encore plus loin et postule que toute souffrance intègre une mission de vie que chacun a choisie.

Il est évident que nos positions respectives sont, l'une pour l'autre, inconfortables. Si nous n'étions pas liées par l'amitié, le goût du dialogue, et si nous avions des décisions importantes à prendre relativement à cette question du sens de la souffrance, nous serions sans doute inquiétées par la croyance de l'autre. Chacune veillerait sûrement à ce que les décisions à prendre ne reflètent pas plus une croyance que l'autre. Chacune serait peut-être même tentée de faire en sorte que sa croyance s'impose. Cet attachement particulièrement fort que l'on relève souvent à l'endroit de la spiritualité s'explique par le fait que, à la différence d'autres croyances qui peuvent agir en nous au quotidien, celle-ci pénètre et détermine de façon décisive l'être-au-monde de celui qu'elle habite. De la même manière qu'il est, au fond, tout à fait étonnant que l'homme parle dans un monde muet, il est étonnant non seulement qu'il croie, mais que la croyance soit le seul irrationnel (au sens d'un indémontrable par la raison scientifique) que la société ne tienne pas pour de la folie. De sorte que, pour le croyant, sa foi est aussi structurante pour son existence que les énoncés scientifiques de son temps.

Il m'importe de préciser ici que le dialogue interreligieux s'effectue aussi avec ceux qui disent ne pas avoir de croyance, qu'ils soient athées, agnostiques ou résolument rationalistes. Toute position dans l'existence qui, en dernière instance, relève d'une croyance puisque, depuis le XVIe siècle, la vie échappe de tous bords à la science moderne, qui n'a pas encore su démontrer, par exemple, ce qu'il y avait après la mort[1]. Ce sujet a fait un jour l'objet d'une conversation assez éprouvante avec mon compagnon. Contrairement à ce que l'Occident en comprend, le bouddhisme est en effet une spiritualité et pas seulement une philosophie de vie. Celui que je pratique requiert en tout cas un acte de foi puisqu'il implique de croire à la réincarnation. Mon compagnon, lui, se décrit comme quelqu'un de rationnel. La foi relève, pour lui, d'une histoire que l'être humain se raconte sur le sens des événements de la vie. Elle fonctionne comme l'effet placebo, une

1. À ce sujet, je m'étonne toujours que les expériences dites de mort imminente ne soient pas un phénomène plus étudié en neuropsychologie.

vue de l'esprit qui produit les effets projetés. Suivant cette conception, le croyant se berce d'illusions alors même qu'il se veut et se prétend éveillé.

Comment vivre ensemble, se rejoindre et s'aimer quand notre interprétation du monde s'avère si différente ? La différence de croyance peut-elle constituer un infranchissable ? Ma foi induit un certain sens des phénomènes et une certaine façon d'y réagir – caractérisée par l'engagement, la gratitude, la confiance, la persévérance et le lâcher-prise (deux mouvements dont la contradiction n'est qu'apparente), la résilience. Comportements qu'un non-croyant peut d'ailleurs tout à fait adopter, mais inspirés par un sens différent. Je prends ici l'inter-croyance au sein d'un couple comme exemple paradigmatique de la différence. Celle qui ébranle nos sociétés ou face à laquelle chacun sent les limites de sa capacité à s'identifier. Celle qu'on craint de laisser entrer chez soi. Elle peut être religieuse, culturelle, ou « simplement » d'intérêts (je pense ici à la dureté du dialogue social dans certaines organisations).

La différence est l'autre nom de l'altérité, de l'autre que soi-même. On reconnaît ce non-même au fait qu'il introduit un écart dans notre intériorité. Cet écart contient toujours une double potentialité, une extension du soi (qui me permet de grandir) et une perte de soi (je perds tout ou partie de ce *par* quoi je tiens et de ce *à* quoi je tiens). L'enjeu de la diversité et de l'inclusion est un sujet sur lequel je suis régulièrement amenée à intervenir en entreprise ces dernières années. Je rappelle souvent que la promotion des bienfaits de la diversité ne doit pas nous faire occulter les risques qu'elle comporte pour une organisation ou une société. J'ai observé qu'il n'est pas de bon ton d'évoquer ces risques. Celui (ou celle) qui ne s'en tient pas à vanter « la richesse de la différence » est toujours suspecté d'être xéno*phobe*, homo*phobe*, trans*phobe*, validiste[1]... (étant entendu qu'on peut appartenir à une catégorie et tomber sous le coup d'une autre – être en situation de handicap tout en étant xénophobe par exemple). Il a peur et on juge sa peur excessive – la phobie étant une peur et une répulsion démesurées et irrationnelles. Par ce jugement, on lui fait comprendre qu'il a tort d'avoir peur, que c'est mal d'avoir peur.

Il n'est pas difficile de démontrer que la peur de l'autre, l'étranger, le différent, n'est jamais infondée. Le fait qu'elle traverse l'histoire de l'humanité doit en tout cas nous interpeller. Puisque l'autre est ce qui n'est pas moi, son altérité menace toujours possiblement l'état du moi. J'utilise le terme d'*état* à dessein pour rappeler que, contrairement à la conception courante qu'on s'en fait, l'identité est un phénomène dynamique, un vécu soumis à des variations (c'est la raison pour laquelle on change et peut changer). L'identité n'est pas une stase, un monolithe à préser-

---

1. Le validisme désigne une discrimination systémique et culturelle dirigée contre les personnes en situation de handicap, fondée sur des stéréotypes.

ver de la corruption que le contact avec la différence provoquerait. Mais elle n'est pas non plus comme une matière malléable à merci, une matière informe qui se plierait au premier mouvement que son environnement voudrait imprimer en elle. L'identité se caractérise aussi par de la constance. Si je suis reconnaissable malgré les années qui passent, c'est parce que je porte en moi une certaine unité et que celle-ci me singularise. L'identité renvoie donc aussi à une cohérence interne, que je comparerais volontiers à un cosmos. Or le *cosmos* – terme grec pour dire monde – est un *chaos* organisé. Ce qui signifie que la rencontre avec la différence menace toujours le cosmos que je connais et que je suis de (re)devenir un chaos.

Bien sûr, le chaos n'est pas un effet nécessaire de la différence, mais seulement un effet possible. Cela suffit pour que nous en ayons peur et pour que, j'insiste, nous ayons raison d'en avoir peur (même si cette peur est souvent excessive). Évitons tout malentendu, il n'y a rien que je sous-entende par là sur la nature humaine. Il ne s'agit pas de prendre position dans la vieille controverse philosophique sur la bonté naturelle ou non de l'être humain. Quoi qu'on pense de la nature humaine, les faits montrent que nous sommes capables de violence. Et ce seul constat suffit à nous donner raison de penser que la rencontre avec la différence *de* l'autre et la différence qu'*est* l'autre constitue toujours *à la fois* potentiellement un risque *et* une richesse. Ma conviction est évidemment que le dialogue est la seule chose qui permette d'écarter le risque inhérent à la rencontre et de faire advenir sa richesse.

Le défi est maintenant de s'entendre sur ce qu'on peut bien vouloir dire par « richesse du dialogue », en particulier lorsqu'il est interreligieux ou interculturel. Ou plutôt, le défi est d'observer les conditions sous lesquelles cette richesse peut effectivement germer. Car le double écueil d'un dialogue en situation de différence marquée est soit de s'oublier, de diminuer les contours du soi par souci de laisser de la place à l'autre, soit de projeter de soi sur l'autre de sorte que sa différence s'en trouve niée. Dans les deux cas, une violence de négation opère et nous fait prendre la direction de ce que le philosophe Paul Ricœur appelle un « syncrétisme vague et inconsistant ». Dans un très beau texte, dans lequel il convoque d'ailleurs la confiance (ce qui confirme qu'il assume, lui aussi, la part de peur qui s'invite dans toute rencontre avec la différence), il écrit : « Alors se pose la question de confiance : qu'arrive-t-il à mes valeurs quand je comprends celles des autres peuples ? La compréhension est une aventure redoutable où tous les héritages culturels risquent de sombrer dans un syncrétisme vague. [...] seule une culture vivante, à la fois fidèle à ses origines et en état de créativité sur le plan de l'art, de la littérature, de la philosophie, de la spiritualité, est capable de supporter la rencontre des autres cultures, non seulement de la supporter mais de donner un sens à cette rencontre. [...] Pour l'Européen en particulier, le problème n'est pas de participer à une sorte de croyance vague qui pourrait être acceptée par tout le monde ; sa tâche, c'est Heidegger qui le dit : "Il nous faut nous dépayser dans nos propres origines", c'est-à-dire qu'il nous faut revenir à notre origine grecque, à notre origine hébraïque, à notre origine chrétienne pour être un interlocuteur valable dans le grand débat des cultures ; pour avoir en face de soi un autre que soi, il faut avoir un soi[1]. »

À l'heure d'une tendance à la radicalisation des héritages et au regain de xénophobie qu'elle attise, la réflexion de Ricœur prend une résonance toute particulière. J'ai beaucoup observé, à la fois dans mon entourage personnel et dans la société française, la tentation du syncrétisme dont il parle. Pour le dire vite, le syncrétisme consiste en un mélange approximatif et superficiel d'influences – sur le plan personnel, pour ne pas avoir à choisir et donc à s'engager ; sur le plan culturel ou religieux, pour s'acheter la paix sociale. Reposant presque toujours sur une méconnaissance des influences en présence, il propose une unité fragile et provisoire incapable de soutenir durablement un véritable itinéraire spirituel. Pour qu'un véritable dialogue interculturel ait lieu, il faut donc que deux soi, ouverts certes (c'est-à-dire sans peurs) mais affirmés et assumés, se rencontrent et se parlent. C'est pourquoi

1. P. Ricœur, *Histoire et vérité*, *op. cit.*, p. 300.

Ricœur ajoute : « Aux syncrétismes il faut opposer la communication, c'est-à-dire une relation dramatique dans laquelle tour à tour je m'affirme dans mon origine et je me livre à l'imagination d'autrui selon son autre civilisation. La vérité humaine n'est que dans ce procès où les civilisations s'affronteront de plus en plus à partir de ce qui, en elles, est le plus vivant, le plus créateur. L'histoire des hommes sera de plus en plus une vaste explication où chaque civilisation développera sa perception du monde dans l'affrontement avec toutes les autres. Or ce procès commence à peine. Il est probablement la grande tâche des générations à venir[1]. »

Soixante-dix ans plus tard, le bilan est plutôt amer. On serait bien avisé de relire et de faire apprendre les cinq règles du dialogue élaborées par Dennis Gira[2], théologien chrétien spécialiste du bouddhisme, qui dénonce aussi d'ailleurs le syncrétisme. La première de ces règles consiste à ne pas chercher chez les autres ce qui est important pour nous, mais chercher à découvrir ce qui est important pour eux, c'est-à-dire entrer pleinement dans l'expérience de l'autre. Les clefs pour comprendre l'autre viennent non pas de notre propre expérience, mais de la cohérence interne de sa tradition et de sa culture.

La deuxième règle nous invite à reconnaître les

1. *Ibid.*

2. D. Gira, *Le Dialogue à la portée de tous... (ou presque)*, Bayard, 2012, p. 42-126.

limites des mots, à avoir l'humilité de reconnaître ce qu'il y a d'intraduisible, même lorsque nous parlons la même langue. J'ajouterais ici ce que je rappelle dans tous les ateliers que j'anime : parler la même langue ne suffit pas pour se comprendre. Nous partageons des signifiants (les mots) mais les signifiés (le sens qu'on leur donne) varient plus ou moins d'une personne à l'autre.

La troisième règle pose la nécessité d'avoir un principe organisateur, c'est-à-dire une cohérence interne qui n'est pas un principe identitaire dogmatique, mais qui consiste en des fondamentaux philosophiques et des pratiques permettant de les incarner. Ici, Gira rejoint Ricœur : pour rencontrer véritablement la différence de l'autre, il me faut connaître et assumer la différence que je suis, ce qui la caractérise sur le plan culturel et spirituel.

Pour sa quatrième règle, Gira s'inspire de la très belle remarque d'Albert Camus dans un entretien de 1948 : « L'honnêteté consiste à juger une doctrine par ses sommets, non par ses sous-produits[1]. » Autrement dit, il est malhonnête – à la fois sur le plan intellectuel et sur le plan moral – de juger la tradition de l'autre selon ses dérives et non selon ses sommets. Cette règle est sans doute l'une des plus difficiles à suivre. Elle intime de lutter contre les idées reçues (ce qui est un effort proprement philosophique), mais surtout contre

1. A. Camus, *Actuelles, Écrits politiques*, Gallimard, Folio Essais, 1997, p. 182-183.

la tentation d'acquérir une supériorité sur l'autre en ne retenant que les produits dérivés de sa différence. Rentrer en dialogue par la voie des dérives conduit chacun à comparer ce qu'il pense être le meilleur de sa tradition avec le pire de celle de l'autre. Il ne s'agit pas de nier que ces sous-produits existent, mais il s'agit de faire en sorte qu'ils ne nous empêchent pas de voir les sommets où nous marchons chacun. Gira va même plus loin : « Personne, d'ailleurs, n'a intérêt à ignorer [ces sous-produits], à les cacher ou à les oublier ! Celui qui ignore les sous-produits de sa tradition risque de se couper de l'humanité même de cette tradition : il oublie que tous ceux qui essaient de vivre selon ses idéaux sont des êtres humains. Ils souffrent donc des mêmes faiblesses et des mêmes limites que les gens qui ont engendré des sous-produits dans toutes les traditions et dans tous "ismes" du monde, depuis toujours. Oublier cela pourrait faire penser que sa tradition est "pure" et donc que ceux qui y appartiennent sont purs et à l'abri de comportements douteux. [...] Dans le dialogue, ces questions peuvent et doivent être abordées, mais du point de vue du sommet. En effet, il est infiniment plus facile d'accueillir des commentaires sur les sous-produits de notre tradition quand nous savons que l'autre a aperçu ses sommets et a même pu les admirer[1]. »

La cinquième règle est d'une rigueur toute phi-

1. D. Gira, *op. cit.*, p. 104-105.

losophique : deux choses peuvent être radicalement différentes sans être diamétralement opposées. Dire que deux choses sont *radicalement* différentes, c'est dire non seulement que ce qui les sépare est important, mais que la différence se situe à la *racine* même de leurs traditions respectives[1]. Affirmer que deux choses sont diamétralement opposées implique qu'elles sont à distance maximale l'une de l'autre, le modèle étant les deux pôles du diamètre d'un cercle. Un écart plus grand est inconcevable. Gira prévient que, dans le dialogue, la prudence suggère de ne pas considérer trop vite que nos idées sont diamétralement opposées à celles de l'autre. Pour pouvoir le conclure, il faudrait, en effet, avoir d'abord parfaitement compris le sens des idées de l'autre, mais aussi connaître parfaitement bien notre propre tradition. Reconnaissons que c'est très rarement le cas…

Au fond, Ricœur et Gira postulent la même chose : la vérité est un rapport à l'essentiel qu'on ne peut entretenir que parce qu'on est enraciné quelque part. Alors que l'on pense communément que ce sont nos différences qui font problème, nous sommes invités à considérer que notre difficulté à faire dialoguer nos différences vient de la manière dont nous sommes ou non enracinés. Il me semble qu'on touche là à un symptôme majeur de notre temps, que j'appellerais le déracinement. Une manière hors sol que nous avons

1. Le terme « radical » vient du latin *radix*, racine.

de vivre qui s'illustre bien sûr dans la crise écologique, mais aussi dans la fracture entre urbanité et ruralité. Les grandes villes et métropoles sont hors sol parce que coupées du territoire des campagnes et des villes périurbaines. La ruralité est hors sol parce que coupée des lieux de pouvoir où se façonnent les grandes tendances mondiales, technologiques aussi bien que culturelles. Villes et campagnes ne se parlant pas, engoncées dans un mépris réciproque.

Par ailleurs, quelle que soit notre situation sociale ou géographique, il semble que nous connaissions tous le sentiment de n'avoir pas vraiment pied. C'est-à-dire de manquer de prise au sol, d'ancrage. L'essayiste et géographe Christophe Guilluy identifie, lui, ce qu'il appelle un sentiment d'insécurité culturelle, qui se retrouverait dans toutes les classes sociales. Nous sommes donc à une époque où cohabitent un attachement diffus, et souvent non assumé, à un imaginaire, des manières de faire, de se comporter, des rituels, et une revendication d'émancipation radicale par rapport aux représentations et pratiques du passé. Tout se passe comme si on ne se concevait libres que désaffiliés, émancipés du passé, sans héritage et sans dettes.

Quelques philosophes nous ont pourtant alertés sur cette illusion et ont défendu la nécessité existentielle de l'enracinement. Dans son très beau livre du même nom, Simone Weil écrit : « L'enracinement est peut-être le besoin le plus important et le plus méconnu de l'âme humaine. C'est un des plus difficiles à définir. Un être humain a une racine par sa participation réelle, active et naturelle à l'existence d'une collectivité qui conserve vivants certains trésors du passé et certains pressentiments d'avenir. Participation naturelle, c'est-à-dire amenée automatiquement par le lieu, la naissance, la profession, l'entourage. Chaque être humain a besoin d'avoir de multiples racines. Il a besoin de recevoir la presque totalité de sa vie morale, intellectuelle, spirituelle, par l'intermédiaire des milieux dont il fait naturellement partie[1]. » La tradition et la culture participent de notre individuation. Nous devons une grande partie de ce que nous sommes à ce qui vient avant nous. Prétendre s'en détourner complètement, le disqualifier au prétexte que c'est du passé et qu'il faut vivre avec son temps, c'est mener une vie appauvrie. Mais c'est surtout ouvrir la voie au retour du passé sous sa forme la plus caricaturale et dogmatique.

Le rapport ambivalent que nous avons à la tradition et la culture doit donc être regardé de plus près si nous ne voulons pas aggraver le phénomène de polarisation extrême dans lequel nous sommes pris aujourd'hui. La grande leçon de Weil pour les déracinés que nous sommes tient en deux idées clefs. D'abord celle que nous sommes de ce monde. Nous lui appartenons, que nous le voulions ou non, et la civilisation nous fait comme nous ne cessons de la

1. *L'Enracinement*, Payot, 2021, p. 55.

faire. Ensuite, nous ne pouvons contribuer, participer au monde que si nous nous y enracinons. Que si nous plongeons dans les plis et replis de nos archives, si nous avons la curiosité de notre milieu. Il nous faut sans doute accepter, avant tout, que la culture est à une société ou une organisation ce qu'est l'identité à une personne : une manière propre d'exister. L'enracinement nourrit l'appartenance, elle-même source de sécurité. Deux besoins corrélés dont nous n'avons pas à avoir honte et dont nous ferions mieux de prendre soin, faute de quoi la violence s'en chargera. « C'était mieux avant » est la plainte de ceux qui se sentent moralement exilés, pour reprendre la belle image de Weil. Ne la jugeons pas si sévèrement et reconnaissons que certaines choses méritent peut-être notre nostalgie. Que certaines choses méritent peut-être même qu'on se batte pour qu'elles continuent d'exister.

8

Dialoguer avec le vivant

> « L'air tremble dans les arbres
> « Le vent habite doucement les arbres, il s'y arrête, il s'y attarde
> « Et leurs feuilles recueillent le ciel. »
>
> Philippe Jaccottet[1].

J'entame ces lignes au retour d'un été fait d'océan et de montagnes. Dans le paysage, des lézards, des sangliers, des ânes, des chevaux, des guêpes, des chats, des rapaces, des grues cendrées et d'autres oiseaux de multiples espèces que je ne saurais nommer, des araignées, des escargots, des truites, des chamois... Mais aussi des pins, des chênes, des figuiers, des citronniers, des lagerstroemias, des mûriers, des érables et des cours d'eau... Tandis que j'égrène les mille manifestations qu'ont prises la nature et le vivant pour moi, j'entends le philosophe Bruno Latour demander : « Que serait un homme sans éléphant, sans plante, sans lion, sans céréale, sans océan, sans ozone et sans plancton [...] ?

1. Ph. Jaccottet, *La Semaison*.

Nous ne savons pas ce qui fait la commune humanité de l'homme et peut-être oui, sans les éléphants d'Amboseli, sans l'eau divagante de la Drôme, sans les ours des Pyrénées, sans les palombes du Lot, sans la nappe phréatique de la Beauce, il ne serait pas humain[1]. » Imaginez-vous dépouillés de tout le non-humain qui a fait vos vacances et de celui qui participe à votre quotidien. L'expérience est saisissante pour nous faire comprendre et sentir qu'une existence sans nature et sans vivants non humains nous plongerait dans un vide immense, un espace d'une grande pauvreté, âpre et triste, où nous ne trouverions plus aucune forme d'inspiration, de réconfort et de ressourcement. Le monde ne serait qu'un immense désert.

Je m'apprête ici à parler d'écologie en un sens pré-politique, ou plutôt au sens premier du politique, qui consiste à se demander collectivement dans quel monde nous voulons vivre. Car s'il est entendu que la planète Terre survivra à nos excès et nos dérives, le monde humain que nous connaissons, ou plus exactement le monde qui fait l'humain que nous sommes aujourd'hui, semble de plus en plus condamné à disparaître. À certains égards, nous n'y pouvons rien (et les climatosceptiques ne manquent pas de nous le rappeler). Mais, à beaucoup d'autres, nous y pouvons quelque chose. Que vient faire le dialogue dans cette crise écologique qui a maintenant plus d'un siècle ?

1. B. Latour, « Moderniser ou écologiser. À la recherche de la Septième Cité », in revue *Écologie & politique*, 1995, 13, p. 5-27.

C'est ce que j'aimerais explorer en considérant deux idées. D'abord si et comment le vivant et la nature peuvent constituer un Autre avec lequel dialoguer, un sujet digne de dialogue autrement qu'en un sens métaphorique. Et ensuite en quel sens le dialogue pourrait être conçu comme un geste écologique à part entière.

Mais commençons par le terme d'« écologie », tant malmené et instrumentalisé qu'il faut revenir à ses différentes significations. Il s'entend aujourd'hui principalement au sens des effets de l'action humaine sur l'environnement naturel. Quand nous disons « écologie », nous pensons « nature », « climat », « biodiversité », et peut-être « développement durable ». Ce qui, au regard de l'étymologie du mot, est déjà réducteur. Le terme est construit à partir du grec οἶκος/*oîkos* (maison, habitat) et λόγος/*logos* (raison parlante pourvoyeuse de savoir). L'écologie est donc littéralement le savoir élaboré sur les différentes manières d'habiter le monde. Le premier emploi du mot est attribué au biologiste Ernst Haeckel en 1866 et il s'agissait alors d'un concept descriptif. Mais, crise environnementale oblige, il est devenu normatif, c'est-à-dire qu'il ne décrit pas seulement des conditions d'existence, mais prescrit des relations qui respectent l'intégrité du vivant – dont nous sommes – et les équilibres dont il est fait.

Si l'écologie devait tenir en un seul message, ce serait peut-être le suivant : tout se tient. C'est pourquoi prendre au sérieux la « question écologique » n'est pas seulement se préoccuper d'innover pour continuer de concevoir l'environnement comme un simple réservoir de ressources au service de notre mode de vie actuel. Il s'agit de repenser la condition humaine et notre organisation sociale. L'écologie relève aussi bien de la technique que de l'ontologie et du politique. Ce que le philosophe Félix Guattari avait très bien compris, en identifiant « trois registres écologiques, celui de l'environnement, celui des rapports sociaux et celui de la subjectivité humaine[1] ». Autrement dit : l'état de la planète, l'état des relations humaines (nos manières de faire société) et l'état de nos psychismes et de nos intériorités. Guattari écrivait de manière prophétique : « Il n'y aura de réponse véritable à la crise écologique qu'à l'échelle planétaire et qu'à la condition que s'opère une authentique révolution politique, sociale et culturelle réorientant les objectifs de la production des biens matériels et immatériels. Cette révolution ne devra donc pas concerner uniquement les rapports de forces visibles à grande échelle mais également des domaines moléculaires de sensibilité, d'intelligence et de désir[2]. »

Gilles Deleuze affirme que tout changement structurel significatif et durable ne peut prendre sa source

1. F. Guattari, *Les Trois Écologies*, Galilée, 1989, p. 12-13. À la raréfaction des ressources naturelles, il est donc indispensable de répondre, en même temps, à la raréfaction des ressources sociales (notre capacité à « faire » société) et des ressources psychiques (notre capacité à penser par nous-mêmes, à créer, à se projeter vers l'avenir, etc.).

2. *Ibid.*, p. 13-14.

que dans le champ de notre sensibilité, qui elle-même commande nos désirs. Pour qu'un véritable changement advienne face à la crise écologique, il faut que nous le désirions. Et pour le désirer, il faut que nous soyons (re)devenus sensibles à tous ceux et tout ce que cette crise concerne. On retrouve ce lien causal entre sensibilité, désir, éthique et changement chez les premiers penseurs américains de l'écologie. Aldo Leopold (1887-1948), l'un des pères de l'éthique environnementale, nous dit ainsi : « Aucun changement éthique important ne s'est jamais produit sans un remaniement intime de nos loyautés, de nos affections, de nos centres d'intérêt et de nos convictions intellectuelles[1]. »

Pour entrer dans ce champ sensible, laissons-nous guider par le philosophe et pisteur de loups Baptiste Morizot. Depuis quinze ans, Morizot consacre son travail à penser nos relations au vivant à partir de ses immersions en pleine nature et au contact même de ce vivant. Cette philosophie de terrain lui permet de mener une réflexion qui ne transforme pas le vivant en objet théorique. Dans la lignée de Leopold et Deleuze, Morizot affirme que la crise écologique que nous connaissons est avant tout une crise de la sensibilité. Il s'en explique dans un entretien en ces termes : « La crise de la sensibilité, c'est en fait l'appauvrissement des mots, des capacités à percevoir, des émotions et

---

1. A. Leopold, *Almanach pour un comté des sables* (1949), tr. fr. A. Gibson, Flammarion, 2000, p. 265.

des relations que nous pouvons tisser avec le monde vivant. Nous héritons d'une culture dans laquelle, dans une forêt, devant un écosystème, on "n'y voit rien", on n'y comprend pas grand-chose, et surtout, ça ne nous intéresse pas : c'est secondaire, c'est de la "nature", c'est pour les "écolos", les scientifiques et les enfants, ça n'a pas de place légitime dans le champ de l'attention collective, dans la fabrique du monde commun[1]. »

Si cette crise de notre sensibilité perceptive est préoccupante, c'est qu'elle alimente, nous l'aurons compris, une crise de la sensibilité morale. De fait, le statut du vivant non humain et des entités qui composent notre milieu (montagnes, rivières, forêts, océans...) est généralement pour nous plus proche de celui des choses que de celui des personnes. Que nous ne ressentions pas la même responsabilité morale face au vivant et à la nature qu'à l'égard d'un être humain est à la fois compréhensible et sensé. Le problème, dont nous commençons à peine à mesurer les conséquences aujourd'hui, c'est que notre civilisation s'est édifiée depuis le XVIIIe siècle sur une absence totale de responsabilité morale face au non-humain. Ce dernier n'entre pas dans le champ d'une altérité qui puisse faire l'objet de notre considération, et moins encore d'un dialogue. Nous entretenons avec tout ce qui n'est pas humain un rapport instrumental qui nous rend

1. « Il faut politiser l'émerveillement », entretien pour *Le Monde*, 4 août 2020.

insensibles au sort que nous lui réservons et qui nous fait oublier combien nous en dépendons.

À rebours de ce pli culturel dans lequel nous sommes tous pris, Baptiste Morizot nous invite à faire preuve de *diplomatie* avec le vivant. Cette notion de diplomatie permet de réintroduire le vivant non humain dans le champ de la communauté politique que nous formons. Elle appelle une attention et une capacité à traduire et interpréter des significations étrangères, les besoins qu'elles entraînent. Les *autres*, avec qui il s'agit de vivre ensemble et à qui l'on doit une forme de considération, ne sont pas seulement les hommes. « J'entends par diplomatie interespèces une théorie pratique des égards ajustés, écrit Morizot. Les égards ajustés commencent par une compréhension de la forme de vie des autres, qui tente de faire justice à leur altérité [...][1]. » On retrouve là une exigence propre au dialogue dont nous avons déjà parlé et qui consiste à s'efforcer de comprendre sérieusement qui est l'autre, d'entrer un tant soit peu dans son expérience du monde. Le philosophe poursuit : « La diplomatie avec le vivant en soi et hors de soi est un type de relation qui devient pertinent lorsqu'on cohabite ensemble, sur un même territoire, avec des êtres qui résistent et insistent. Des êtres qui, pour autant, ne doivent pas être détruits ou affaiblis outre mesure, car notre vitalité dépend de la leur[2]. »

---

1. B. Morizot, *Manières d'être vivant*, Actes Sud, 2020, p. 145.
2. *Ibid.*, p. 188.

Être diplomate avec le vivant *en* nous est une proposition qui m'a particulièrement touchée. J'ai grandi dans la honte de ce que la société m'a appris à identifier comme les restes de l'animalité en moi. J'ai appris à inscrire tout ce qui est pulsionnel et instinctif en opposition avec ce qui est rationnel et moral. Non seulement en opposition, mais en infériorité. Aussi me suis-je longtemps interdit de dialoguer avec ma « part sauvage ». Longtemps mon dialogue intérieur a consisté à la faire taire et à la mépriser. Morizot développe sur ce point une analyse d'une grande finesse. L'Occident, explique-t-il, s'est enfermé dans une dichotomie erronée. Nous pensons l'animalité « comme une bestialité intérieure que l'humain doit surmonter pour se "civiliser" ou, à l'opposé, comme une primalité plus pure dans laquelle il se ressource, retrouvant par là une sauvagerie plus authentique, libérée des normes sociales[1] ». Le premier imaginaire diabolise la vie animale, le second l'idéalise.

La lecture de Morizot m'a permis de comprendre pourquoi défaire ce nœud conceptuel est essentiel dans la crise écologique que nous vivons. En effet, et en toute logique, « nos relations avec l'animalité en nous sont corrélées à nos relations avec le vivant hors de nous. Changer les unes change les autres. C'est peut-être une clé psychosociale de la modernité occidentale, cette incapacité à se sentir vivant, à s'aimer comme

1. *Ibid.*, p. 23.

vivant. Accepter notre identité de vivant, renouer avec notre animalité pensée ni comme primalité à surmonter, ni comme sauvagerie plus pure, mais comme héritage riche à recueillir et moduler, c'est accepter notre destin commun avec le reste des vivants. Accepter que l'humain ne trouve pas son vecteur dans la domination spirituelle de son animalité, mais dans la bonne intelligence à chercher avec les forces du vivant en nous, c'est changer de rapport fondamental avec les forces du vivant hors de nous[1] ». Espérer établir un quelconque dialogue avec le vivant hors de nous implique donc que nous sachions consacrer un peu de notre dialogue intérieur avec le vivant en nous. Pour avoir entamé ce dialogue, je peux témoigner qu'il n'a rien d'abstrait et qu'il produit de nombreux bienfaits. Je n'appelle plus « folie » le mode organique dans lequel je plonge parfois, où se mêlent de façon intense ma sensibilité, mon intuition et mon désir. Je ne m'en remets pas non plus aveuglément à lui. Je ne lui cède pas tout. Mais il intègre aujourd'hui pleinement le style d'humanité que je suis.

On m'accordera, sans difficultés je pense, qu'apprivoiser l'animalité tapie au cœur de son humanité est une version de l'écologie autrement plus subtile que celle qui nous est proposée aujourd'hui. Non pas que cette dernière n'ait pas d'intérêt ou d'utilité, mais nous mesurons maintenant qu'elle n'est qu'une expression

1. *Ibid.*, p. 25.

parmi d'autres du concept d'écologie. Une version que certains philosophes ne se privent pas de critiquer en la caractérisant de « gestionnaire » ou « superficielle » pour dénoncer le fait qu'elle vise à gérer nos externalités environnementales, à économiser nos ressources et à innover afin de prolonger notre mode de vie et non à le remettre en question. Une autre écologie, plus radicale, considère que la crise écologique renvoie à une crise générale, à la fois sociale, politique et existentielle.

C'est le parti pris de l'écologie intégrale. Le concept, qui s'est développé dans les années 1990 dans plusieurs contextes intellectuels, a été repris par la philosophe Charlotte Luyckx dans un travail passionnant mené sur les racines philosophiques de la crise écologique. Le terme *intégral* vient du latin *integer*, qui signifie « entier ». À contre-courant de la fragmentation des savoirs, nous devons aujourd'hui développer une lecture du monde holistique : ne pas traiter la question climatique sans inclure le bilan portant sur la biodiversité, ne pas traiter l'écologie sans la justice sociale, ne pas traiter les enjeux structurels sans leur dimension culturelle. En somme, considérer l'importance tant de l'écologie intérieure que de l'écologie extérieure.

Pour définir le concept d'écologie intégrale, Luyckx propose une analogie avec les strates géologiques. Ce modèle a l'avantage de nous faire visualiser l'articulation et la complémentarité entre les différentes dimensions de la crise, allant de la plus visible (la strate technique) à la plus profonde et ancienne (la strate spirituelle), en passant par les strates intermédiaires (économique, politique et philosophique). Son intérêt réside également dans ce qu'il met en synergie plutôt qu'en concurrence les différentes interprétations de la crise écologique. Ses véritables causes ne sont pas à rechercher à un niveau plutôt qu'un autre. À chaque niveau peut se poser un diagnostic pertinent, mais toujours pris de manière rhizomatique avec les autres niveaux. D'une certaine manière, les couches dialoguent entre elles.

Disons-le sans défaitisme, le diagnostic à chacune de ces strates est préoccupant, parfois critique. Le sol de notre civilisation s'épuise et, par endroits, s'effondre déjà. Une seule question, qui n'est pas de nature technoscientifique mais philosophique, devrait animer régulièrement nos conversations : pourra-t-on survivre sans changer notre manière d'être au monde ? C'est-à-dire, sans changer notre manière d'être humain et de nous rapporter au reste du monde ? Le fait est que l'ensemble de notre édifice civilisationnel repose, en dernière instance, sur des croyances concernant ce qu'est la réalité et le sens de la vie humaine. Autrement dit, nous n'avons pas seulement un problème de ressources et de réchauffement, nous avons un problème de paradigme. Le philosophe Vittorio Hösle le pose en ces termes : « Seul un rétablissement de notre habitat intellectuel pourra garantir à long terme la survie de notre habitat terrestre. Il s'agit, pour les hommes de la civilisation technique, de reconquérir un foyer métaphysique[1]. » Autrement dit, il s'agit de réinscrire notre capacité à *faire* (la technique) dans une méditation sur l'*être* (la métaphysique).

Ce que Hösle appelle reconquête d'un foyer métaphysique, je l'appellerai reconquête d'une vie *écosophique*. Le terme a été forgé par le philosophe norvégien Arne Naess pour nommer une sagesse écologique de la vie quotidienne, dans laquelle la nature est *vécue* non plus comme un donné extérieur, mais comme participant intimement de notre être. L'écosophie est conscience et expérience de la relation intrinsèque que nous avons avec la biosphère. Fortement inspiré par le bouddhisme et la philosophie de Spinoza, Naess en réactualise les enseignements : l'esprit humain produit l'illusion d'un « moi » atomique, indivisible et indépendant. Or cette version du moi à laquelle nous tenons tant est en fait la moins épanouie parce que la moins inclusive, la plus angoissée et la plus agressive. L'existence est interpénétration de toutes les vies, dialogue permanent de vie à vie. S'épanouir, c'est s'ouvrir à ce dialogue.

À partir de ce dialogue avec le non-humain qui *informe* sans cesse notre humanité – aux deux sens de lui donner des informations et de lui donner forme –, nous pourrions redéfinir ce que serait une humanité prospère sur une terre habitable. Ce ne sont pas seu-

---

1. Cité par C. Luyckx, in *Écophilosophie*, p. 103.

lement nos technologies, nos modes de production ou de consommation, nos modèles économiques ou politiques que nous devons transformer, mais également notre système de croyances. Ce qui est fondamentalement en jeu, c'est notre vision de la nature et notre manière de nous rapporter à elle. Celle que nous avons aujourd'hui, et qui nous paraît aller de soi, peut être datée et se trouve être somme toute relativement récente. Dans ses travaux, Charlotte Luyckx montre qu'un tournant déterminant est pris au XVIIIe siècle. Elle situe, en effet, aux sources de la crise écologique et de nos difficultés à y remédier, un phénomène de dichotomie et de hiérarchisation entre deux familles philosophiques concurrentes : les Lumières et le romantisme allemand. Luyckx écrit : « La problématique du rapport de l'homme à la nature, envisagée à l'aune du débat entre les Lumières et le romantisme allemand, met en scène la tension existante entre deux élans apparemment contradictoires : la quête de liberté comprise comme mouvement d'autonomisation de l'humanité par rapport à la nature, d'une part, et la volonté de communier avec la nature, de prendre conscience de l'immersion de l'humain dans un ordre naturel plus vaste dont il fait partie, d'autre part[1]. »

La victoire historique des Lumières a relégué les intuitions romantiques dans la sphère privée, engageant de ce fait le développement d'un modèle de

1. *Id.*, p. 25.

société fondé sur la rationalité instrumentale, l'exigence d'efficacité, l'objectivation scientifique du monde et la fragmentation des savoirs ; oubliant, pour les affaires publiques, tout ce qui relève de l'affect, de la compréhension holistique et sensible du réel, de ses dimensions symboliques, cosmiques et poétiques. Dans leur hyper-rationalisme, les Lumières ont établi un paradigme anthropocentrique – l'homme est au centre du monde et il est la mesure de toute chose – dans lequel la nature est réduite à l'état de ressource pouvant être instrumentalisée et exploitée à souhait. Pour passer à une écologie profonde[1], il faut accepter l'idée que la nature soit dotée d'une valeur propre et opérer un dépassement qui implique directement notre capacité à dialoguer, non seulement entre nous, mais avec le vivant. Ce dépassement est celui du clivage entre l'Homme et la nature. Les Lumières ont établi que l'être humain avait la capacité – par sa rationalité et son ingéniosité – de s'émanciper de la nature au point de s'en séparer. Cette idée de séparation, qui a ses vertus, nous fait néanmoins entretenir avec la nature un rapport d'extériorité qui contredit non seulement le principe de réalité suivant lequel nous en sommes en fait toujours dépendants, mais aussi notre besoin de nous relier à elle. L'enjeu n'est donc pas de passer de la séparation à son contraire, la fusion, mais d'explorer une nouvelle manière de nous rapporter à la

1. Je renvoie ici à nouveau à Arne Naess à qui l'on doit le concept.

nature, que certains philosophes appellent la reliance. Autrement dit, recréer du lien en restant émancipés.

C'est dans la perspective d'une écologie intégrale que j'aimerais proposer de penser le dialogue comme un geste écologique. Le dialogue et l'écologie ont en commun de nous rappeler que tout se joue littéralement *entre* nous, entre soi et l'Autre – que cet Autre soit un être humain, un animal, un végétal, un fleuve, une montagne... Un geste écologique est un geste qui permet de prendre soin des liens et des équilibres. Un geste qui respecte notre intégrité et celle du vivant. Comme modalité de relation attentive et attentionnée, le dialogue permet de maintenir la qualité de présence, le niveau de conscience, de disponibilité à l'autre, de « résonance » dirait Hartmut Rosa, nécessaires pour traverser les conflits que nous rencontrons. Parce qu'il invite à se connaître, le dialogue est une manière de prendre soin du lien à soi-même. Parce qu'il invite à entendre l'autre, il est une manière de prendre soin du lien social. Au fur et à mesure qu'il s'installe, ce soin de la relation à soi et à l'autre redéfinit aussi incidemment notre lien avec ces Autres que sont la nature et le vivant non humain.

Ainsi est-ce au sens où il nous dispose à prendre soin de nos relations et à nous relier à la dignité de la vie que le dialogue peut être conçu comme un geste écologique. Chaque fois que nous dialoguons, partout où nous le faisons, nous restaurons une qualité de relation qui bénéficie à notre subjectivité, à la société et à l'environnement. Le temps du dialogue suspend, voire déconstruit, le rapport angoissé qu'il nous arrive d'avoir avec le monde, car dialoguer suppose d'apprendre à se relier à sa propre intériorité, à connaître sa violence, pour se relier à l'autre et au monde en étant à la pointe de son humanité. Nous le savons sans y croire – ou en espérant y échapper quand même « par miracle » –, les décennies qui arrivent seront très éprouvantes. Car la crise écologique en cours ne sera que l'épicentre d'un immense séisme géopolitique et social (l'accueil des réfugiés climatiques deviendra un enjeu majeur pour les générations futures, tout comme l'accès à l'eau, pour ne citer que ces défis…). Face aux manques, aux bouleversements forcés des modes et des lieux de vie, les tensions entre nations se multiplieront, les fractures et violences internes s'aggraveront. Penser que nous sommes trop civilisés pour céder au chaos est, à mon sens, une erreur. Lorsque l'instinct de survie domine, lorsque plus rien ne retient nos peurs archaïques, les mœurs volent en éclats. Dans ce drame annoncé, une seule ressource indéfiniment renouvelable peut dès à présent nous éviter le pire : le dialogue.

« Un appel muet qu'on préserve son intégrité semble émaner de la plénitude du monde de la vie là où elle est menacée[1] », écrivait Hans Jonas, pour rappeler que la vie comporte en elle-même une sorte

1. H. Jonas, *Le Principe Responsabilité. Une éthique pour la civilisation technologique*, Les Éditions du Cerf, 1990, p. 27.

de pré-morale puisqu'elle s'auto-évalue d'une certaine manière comme bonne. La nature nous dit que la vie vaut mieux que la mort. La nature nous dit d'ailleurs beaucoup de choses qu'il nous faut apprendre à écouter. Tout dialogue commence par cette écoute. Restons néanmoins lucides, dans ce dialogue avec la nature, point d'égalité. Car si la nature nous intéresse, nous n'intéressons pas la nature. Répétons-le une fois encore, la Terre n'est pas en danger, *nous* le sommes. Si la planète est rendue inhabitable par notre faute, il y aura probablement évolution vers un autre régime de la vie, mais pas obligatoirement à notre avantage. C'est cet écosystème, dans lequel les humains existent, qui est menacé et pourrait disparaître au profit d'un autre, et non la Terre. De sorte que, si l'on admet qu'il puisse y avoir un dialogue entre le vivant et nous, nous sommes les disciples et le vivant, le maître.

Épilogue

> « Le don, c'est la singularité de ma voix, de la tienne, et de notre dialogue. Dans cette partition, l'universel est interprété par une bouche. Il n'est pas de parole qui ne se communique hors cette altérité. »
>
> Jean-Luc Nancy[1].

À quoi reconnaît-on qu'un dialogue a lieu ? Que produit-il ? Qui peut en être ? Quand commence et quand s'achève un dialogue ? Comment puis-je savoir que je suis en train de faire avec l'autre l'expérience d'un dialogue et non d'un débat, d'un bavardage ou d'une discussion mondaine ? J'ai tenté au fil de cet essai de caractériser le dialogue pour ébaucher des réponses à toutes ces questions. Mon attachement au dialogue ne doit cependant pas occulter la plus importante : y a-t-il une humanité possible sans dialogue ? Autrement dit, a-t-on vraiment besoin de dialoguer pour être *humain* ? Si oui, cela impliquerait de mettre au ban de l'humanité un très grand nombre de personnes. Si non,

1. J.-L. Nancy, *Le Partage des voix*, Galilée, 1982, p. 84.

pourquoi se donner la peine d'apprendre à dialoguer et de faire le choix exigeant du dialogue dans ses relations, du couple à la communauté politique (vivants inclus) en passant par la famille ?

Ce questionnement m'oblige à distinguer deux sens du dialogue. Un sens strict, qui implique la parole échangée, le passage au verbe, l'élaboration du sens, la quête d'un dire adéquat au réel ; et un sens métaphorique, qui implique que les mots ne soient plus une pièce maîtresse. Un second sens qui renvoie au fait de s'exprimer, de signifier, de s'adresser, d'entrer en relation, mais sur d'autres modes que celui du parler. Ainsi du dialogue des corps, du dialogue silencieux que peut être une communion par l'émotion, du dialogue avec le vivant. Résumer l'humanité à la possibilité du dialogue dans son sens strict serait extrêmement réducteur, mais il demeure, selon moi, le plus important.

D'abord parce que se parler nous est vital. Il suffit de voir un enfant jouer seul pour s'en convaincre. Le dramaturge Samuel Beckett en capte le plus bouleversant : « Puis parler, vite, des mots, comme l'enfant solitaire qui se met en plusieurs, deux, trois, pour être ensemble, et parler ensemble, dans la nuit[1]. »

Nous nous retrouvons seuls ? Qu'à cela ne tienne, nous nous mettons « en plusieurs, deux, trois, pour être ensemble, et parler ensemble », nous nous inven-

1. S. Beckett, *Fin de partie*, Éditions de Minuit, 1957, p. 92.

tons un parlement intérieur parce que nous avons besoin de l'altérité à laquelle adresser une parole. Avant Beckett, Nietzsche avait saisi ce que l'absence d'écoute, de toute perception et de toute réponse a de tragique pour l'être humain : « N'entendre, après un tel appel du tréfonds de l'âme, la réponse d'aucune voix, est une expérience terrible, qui peut détruire l'homme le plus dur : en moi cela a brisé tout lien avec la communauté des hommes vivants[1]. » Adresser une parole, être entendu, recevoir une parole, institue la communauté des hommes. Autrement dit, la parole fait advenir d'un seul tenant l'humanité et la communauté. Elle est ce que nous avons en partage et ce que nous avons à partager pour être pleinement humains et pleinement vivants.

Or ce partage semble incertain et compromis aujourd'hui. Écrivaine et enseignante, Camille Laurens en témoigne : « La guerre des mots a commencé, dessinant la plus tangible des fractures. Comme me l'ont dit un jour des élèves : "Nous ne sommes pas sur la même planète." Si, mais c'est Babel après la malédiction. Et aucun lieu n'existe où nous comprendre, puisque le silence, point d'ancrage de tout langage, ami des mots, le silence aussi leur est inconnu – aucun terrain d'entente : on ne s'entend plus[2]. » On ne *s'entend* plus, dans tous les

1. F. Nietzsche, *Œuvres philosophiques complètes*, XII, *Fragments posthumes*, 1886-1887, Gallimard, p. 206.
2. C. Laurens, *La Trilogie des mots*, Gallimard, 2011, p. 22.

sens que revêt ce mot d'une grande nécessité et d'une grande puissance.

S'entendre, c'est d'abord, bien sûr, s'écouter. Ce qui est déjà une chose remarquablement difficile. On s'écoute bien souvent d'une oreille distraite par nos propres pensées et émotions. Mais on peut aussi entendre dans « s'entendre » le fait de se comprendre – comme dans l'expression « entendez-moi bien ». On retrouve cette acception dans la notion d'entendement chère aux philosophes. L'entendement, c'est la faculté de raisonner et de comprendre, c'est-à-dire de découvrir le sens du réel et de la vie. Ceux qui pensent que la vie a un sens diront qu'il s'agit de le dévoiler. Ceux qui pensent qu'elle n'en a pas diront qu'il s'agit de lui en donner. Mais dans tous les cas, se comprendre est la condition *sine qua non* pour vivre dans le même monde. Car tant que nous ne nous comprenons pas, nous n'avons pas de monde (en) commun. Nous cohabitons bien sûr dans un espace-temps, mais seule la compréhension mutuelle fait exister un monde qui nous est commun.

Se comprendre n'est pas encore s'accorder, et l'un n'implique pas nécessairement l'autre. Je peux tout à fait comprendre ce que dit l'autre sans pour autant être d'accord avec lui ou avec elle. Il se trouve que la plupart d'entre nous avons tendance à penser que l'un équivaut à l'autre, que dire « je comprends » signifie « je suis d'accord avec toi ». Cette confusion en apparence anodine nuit gravement à notre capacité à nous parler. Dire « je comprends ce que tu dis », c'est reconnaître que ce que dit l'autre a du sens et que ce sens est intelligible pour nous. Or le quotidien est truffé d'interactions dans lesquelles, au fond, nous ne comprenons pas ce que nous dit l'autre. Soit nous croyons l'avoir compris, soit nous ne l'avons pas compris et ne l'admettons pas. Pourquoi préférons-nous interpréter ce que dit l'autre ou taire notre incompréhension plutôt que de la nommer ? Sans doute parce que l'incompréhension est non seulement inconfortable, mais un peu honteuse. Lorsque je ne comprends pas l'autre, je mets en cause mon intelligence ou celle de l'autre. Soit c'est moi qui suis trop bête pour ne pas le comprendre, soit c'est lui qui l'est pour ne pas savoir bien penser et s'exprimer. Se joue ici une chose fondamentale : nulle compréhension mutuelle ne peut être espérée si chacun n'accepte pas qu'il puisse y avoir des moments d'incompréhension.

Se comprendre n'implique pas nécessairement de s'accorder donc, mais c'est évidemment un prérequis pour tout accord si celui-ci est visé. Cette notion d'accord, qui est l'un des autres sens de « s'entendre » – « ils se sont entendus » signifie « ils ont trouvé un accord » –, me plaît beaucoup pour sa résonance musicale. L'accord, c'est la rencontre harmonieuse de deux différences. Il peut être simplement cordial, mais plus il est travaillé, plus la compréhension de l'autre grandit, plus un attachement est possible. Et alors s'entendre se met à signifier s'apprécier. S'entendre, ça peut donc être aussi se donner la possibilité de s'apprécier, c'est-à-dire d'avoir du plaisir à être en compagnie de l'autre pour ce qu'il est vraiment. Et quand ce plaisir culmine dans la joie, s'entendre devient une façon de s'aimer.

S'aimer, le contraire de la violence. Parce que le dialogue, et c'est la seconde raison pour laquelle il importe dans son sens strict, est l'inséparable envers de la violence. L'un et l'autre sont deux manières d'être dans le réel en dehors desquelles tout le reste n'est que mascarade, jeux de rôles, masques sociaux, dissimulation. Pas exactement tout, bien sûr. Pas l'art, qui est encore une manière de signifier. Une parole sans mots. Un infra-langage sensible qui peut être une propédeutique au dialogue et qui manque terriblement dans nos vies aujourd'hui. Pas assez sérieux pour le monde du travail et l'action politique. L'esthétique d'un côté, la « vraie vie » de l'autre.

Dualisme infidèle à la vie car bien loin de mon expérience du dialogue, que je vis comme un geste à la fois pragmatique et esthétique. Lorsque je dialogue, je cherche à dire (le) vrai. Et lorsqu'enfin je trouve les bons mots, les mots justes, je fais l'expérience du beau. Le dialogue est une esthétique du vrai. Chaque fois que le vrai s'exprime avec justesse, il y a de la beauté. C'est elle qui provoque notre joie quand le vrai trouve ses mots, la joie du « oui, c'est ça ! », « ça y est, nous y sommes ! », « c'est exactement ce que je cherchais à dire ». Il y a comme une libération, une euphorie, qui attestent que la parole est notre nature première.

Là est le mystère. Car avouons que c'est tout de même étrange que nous soyons des êtres doués de parole dans un monde muet. Ce face-à-face entre le silence du monde et l'homme parlant qui a éperdument besoin de sens donne lieu à ce qu'Albert Camus nomme l'absurde. « L'absurde naît de cette confrontation entre l'appel humain et le silence déraisonnable du monde[1] », écrit-il dans son *Mythe de Sisyphe*. Ailleurs, il évoque « l'irrémédiable désolation du mutisme de la nuit[2] ».

Mais peut-être n'y a-t-il de silence et de néant que pour celui qui ne sait pas écouter, celui qui ne sait pas parler la langue du monde et entrer dans un dialogue élargi avec la vie. Camus savait écouter et parler cette langue, mais il ne nous a pas révélé comment expérimenter un tel dialogue. L'une des voies est, à mon sens, dans le poétique, qui est à la fois une capacité à se laisser inspirer, à s'émouvoir de la merveilleuse architecture du monde, à lui prêter des mots, et un souci du beau au quotidien – qu'il s'agisse d'un beau geste (y compris professionnel), d'un bel objet ou d'une belle parole. On entre sur la voie du dialogue avec le Tout, avec l'Autre, avec le Tout-Autre, en se faisant poète. Entendons l'un d'eux[3] :

---

1. A. Camus, *Le Mythe de Sisyphe* (1942), in *Œuvres complètes*, Gallimard, 2006, tome 1.
2. *Ibid.*
3. Victor Hugo, *Les Contemplations*, « Ce que dit la bouche d'ombre », édition critique par Léon Cellier, Classiques Garnier, 2019, p. 433-434.

Crois-tu que l'eau du fleuve et les arbres des bois,
S'ils n'avaient rien à dire, élèveraient la voix?
Prends-tu le vent des mers pour un joueur de flûte?
Crois-tu que l'océan, qui se gonfle et qui lutte,
Serait content d'ouvrir sa gueule jour et nuit
Pour souffler dans le vide une vapeur de bruit,
Et qu'il voudrait rugir, sous l'ouragan qui vole,
Si son rugissement n'était une parole?
[...]
Non, tout est une voix et tout est un parfum;
Tout dit dans l'infini quelque chose à quelqu'un;
Une pensée emplit le tumulte superbe.
Dieu n'a pas fait un bruit sans y mêler le verbe.
Tout, comme toi, gémit ou chante comme moi;
Tout parle. Et maintenant, homme, sais-tu pourquoi
Tout parle? Écoute bien. C'est que vents, ondes, flammes
Arbres, roseaux, rochers, tout vit!
Tout est plein d'âmes.

Remerciements

À mes parents, à qui je dois tant.

À Renaud Barbaras, qui n'a cessé de guider mes pas en philosophie depuis notre rencontre.

À mon amie Eugénie Vegleris, pour sa pensée généreuse et le temps pris à cheminer avec moi.

À mon compagnon et à mon associée, auprès de qui je ne cesse d'apprendre à dialoguer.

Table

PEFC
10-31-1316

Reproduit et achevé d'imprimer
par Dupliprint
en janvier 2026.
Numéro d'imprimeur : 3002932B

Imprimé en France.